どこでもできる

邪気ばらい体操

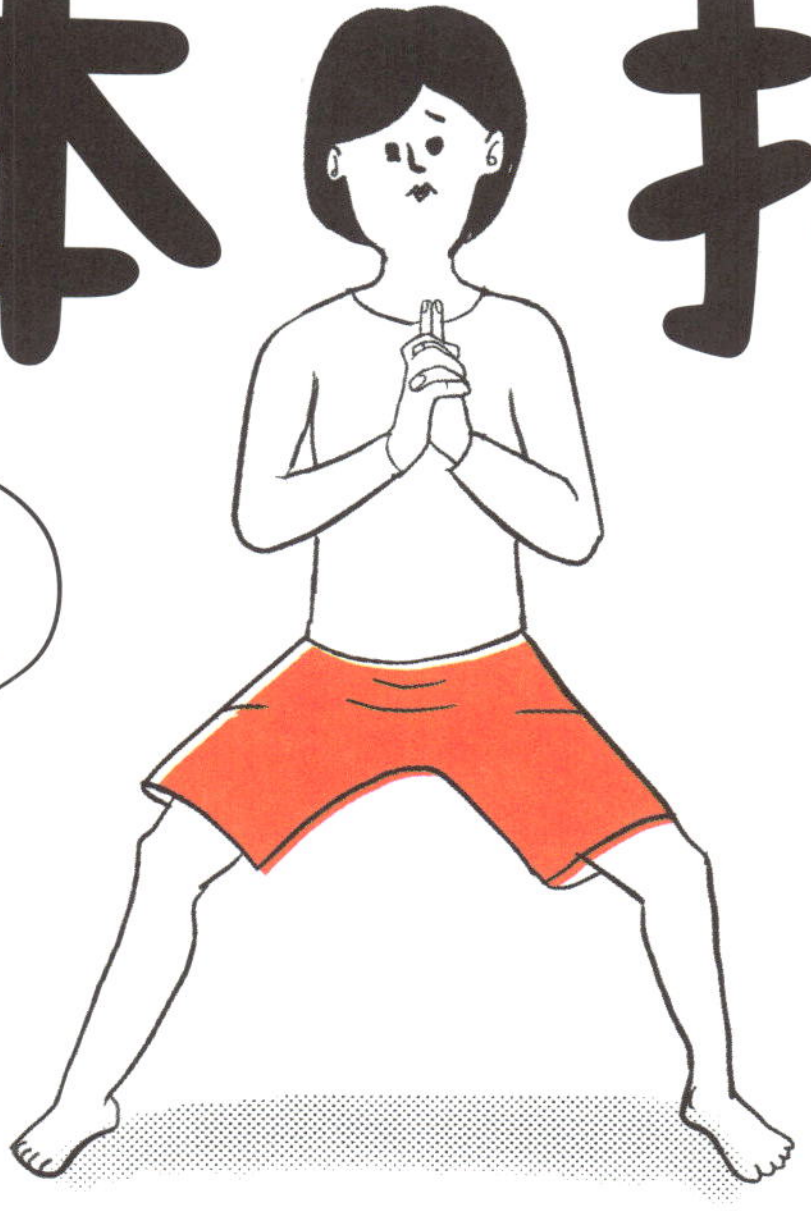

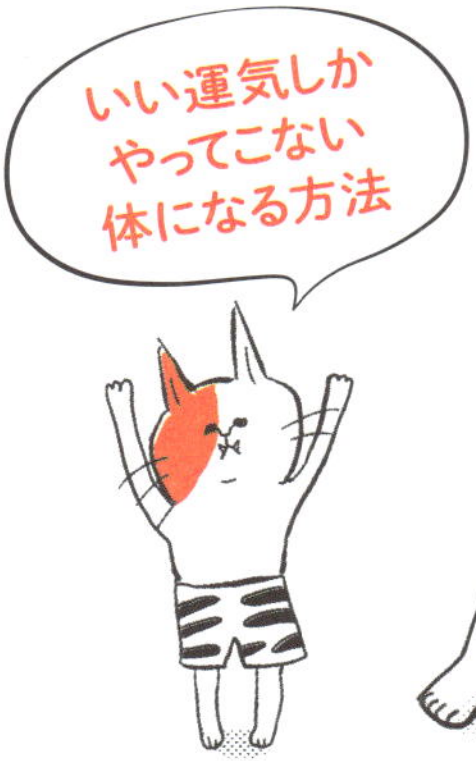
いい運気しか
やってこない
体になる方法

青龍《りゅう》

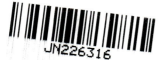

○○OFFICE
おつかれさまです～
バン
ビューッ
ツイてないな～
電車間に合うかしら…
今日は急いでるから残業はしたくなかったのに…課長のせいだわ！
プシュー
プオン
あ～間に合わなかった
SNSのチェックしておくか…
フーやっと乗れた…
あら、ついにトモミが結婚?!
ガタンゴトン
起業して稼いでいるのにさらにイケメンと金持ち結婚か…
133 コメント58件
彼の仕事の拠点である#ミラノで結婚式を挙げました!!
嫌なもの見ちゃったなあ…
それにひきかえ私は?
ただいま～
ハア～
ガチャ
荷物重い…
スーパー
スーパー
ズッシリ

ちょっと！
宿題やったの?!
コラー
片付けて!!
ドサッ
グチャ
グチャ
もう…少しは
ママを
手伝ってよ～
ガミガミ
ただいま～
おかえり～
ズーン
キュッ
キュッ
どうしたの？
暗い顔して
うん…
今度の昇進、
また見送りかも
ええ～！
また？？
ごめん……
翌日
職場のランチルームにて
ワイワイ
ガヤガヤ

あのね じつは……
来月、1週間お休みをいただくの。迷惑かけちゃうけどよろしくね
わあ、ご旅行ですか？
どうしたの？何か不幸でもあった？
私、長年マンドリンを習ってるじゃない？
そこの先生たちと、ロシアに演奏旅行に行けることになったの
ロシア
ステキですね～！
へえ～…
うらやましいなあ…海外なんて次に行けるのはいつだろう
実は…私もちょっとだけいいことがあって
趣味で描いてきた絵をサイトに上げているんですがこの前初めて買ってくれる人が現れたんです
Sold out
ええ～！すごいね！
えへへ
おめでとう!!

O△Books
本屋さんでも寄っていこう
トコトコ
ブツブツ
はあ〜。みんな楽しそう。なんで私だけ幸せなことが一つも起きないの? というかむしろツイてないことばかりなんですけど!
あっ
ガッ
ニャーッ
きゃー
ドシーン
もう〜やっぱりツイてない!……
何これ
なんでこんなところに猫が寝てるのよ
よいしょっ
イテテ
ごめんね…
ん? 何この本?
邪気ばらい体操…?
邪気ばらいかあ… この際お祓いでもなんでもしてスッキリしたいなあ …ためしに買ってみるか
パラパラ
フ〜ン こんなのあるんだ…

翌日
今日はみんな出かけちゃったから、昨日の邪気ばらい体操でもやってみるかな
パラ
ボワン
わっ
こんにちは
フッ
ドロン
だっ、だれ?!
この本の著者の青龍です
あっこっちはジャッキー
著者?ジャッキー?
とりあえずお茶でも
ありがとうございます
いただきます
ニャー
それで…
最近ツイてない、自分ばっかり損している気がする…と
そうなんです〜
お金にも縁がないし家族は言うこと聞かないし 忙しすぎて肌はボロボロ、ストレスで食べ過ぎて太る一方だし…

それは、呪いのせいかもしれませんね
ドーン
!
のっ呪い?!
ブー
ニャー
おっと
あ、呪いといっても、そんなに怖いものではなくて、誰の心にもあるものなんです
はい ハンカチ
例えば日々のちょっとしたストレス、嫌なことを見聞きしたり、うまくいかなかったり…そんな時、私たちの心や体は「呪い＝邪気」を受けているのです
邪気
邪気を溜めこんだままでいると、
良い運気を逃したり、さまざまな不調にみまわれることもあるんですよ
そこで、邪気を溜めないためにこの本でオススメしているのが「邪気ばらい体操」という方法なんです
ピカピカ
こまめにお掃除された部屋で過ごすのは気持ちいいでしょ?

邪気ばらいも同じ。心のお掃除なんです
この体操は、忍者がやっていた邪気ばらいの方法やヨガなどをベースに…
おっと
ニャー
ブー
に、忍者?!
そうです。昔 暗躍していた忍者たちは、敵から受けた邪気を家に持ち帰らないように、邪気ばらいの体操をしていたのです
シャー
へえ〜
でも、邪気なんて目に見えないでしょ。本当に効果あるんですか?
そうですね。目に見えないものだからこそ…まずは体を動かして、試してみましょうよ!スッキリしますよ!
マットひくよ〜
GO!!
邪気ばらい体操、はじまります!

はじめに

毎日一生懸命生きているのに、
「何となくすっきりしない」
「自分だけ運が悪い」
……そんなモヤモヤを、マンガでは「呪い＝邪気」と書きました。
これらの邪気――他人や環境から受けるネガティブな感情やストレス、
不安などは、溜めこんでしまうとやっかいなもの。
邪気が溜まるとさらに同じようなものを引き寄せますし、
まるで本当に呪いにかかったかのように、
心や体の病気になって現れる場合もありますので、
こまめなお祓い（お掃除）が必要です。
そこで本書では、心や体に入り込んだ邪気を祓って、
良い気を取り入れるために最適な、
しかも誰でもどこでもできる簡単体操をご紹介します。
この体操を習慣にして心も体もスッキリとした状態でいると、
あなたのまわりに邪気を寄せつけないバリアができ、
良い運気だけしかやってこないようになるでしょう。

目次

第3章 座ってできる邪気ばらい体操

第4章 寝ながらできる邪気ばらい体操

ご自分の体調や柔軟性に合わせて、
無理をしない範囲で行ってください。

第1章
邪気ばらい体操
3つのきほん

①姿勢

②呼吸

③心

NG

「邪気こもりがち」タイプ

下を向いている
ことが多い
首がいつも前に
傾いている
ハートチャクラが
閉じている
背中が丸まり
肩甲骨が開いている
ケッ
ゲッ
ケッ

GOOD

「気が通ってスッキリ」タイプ

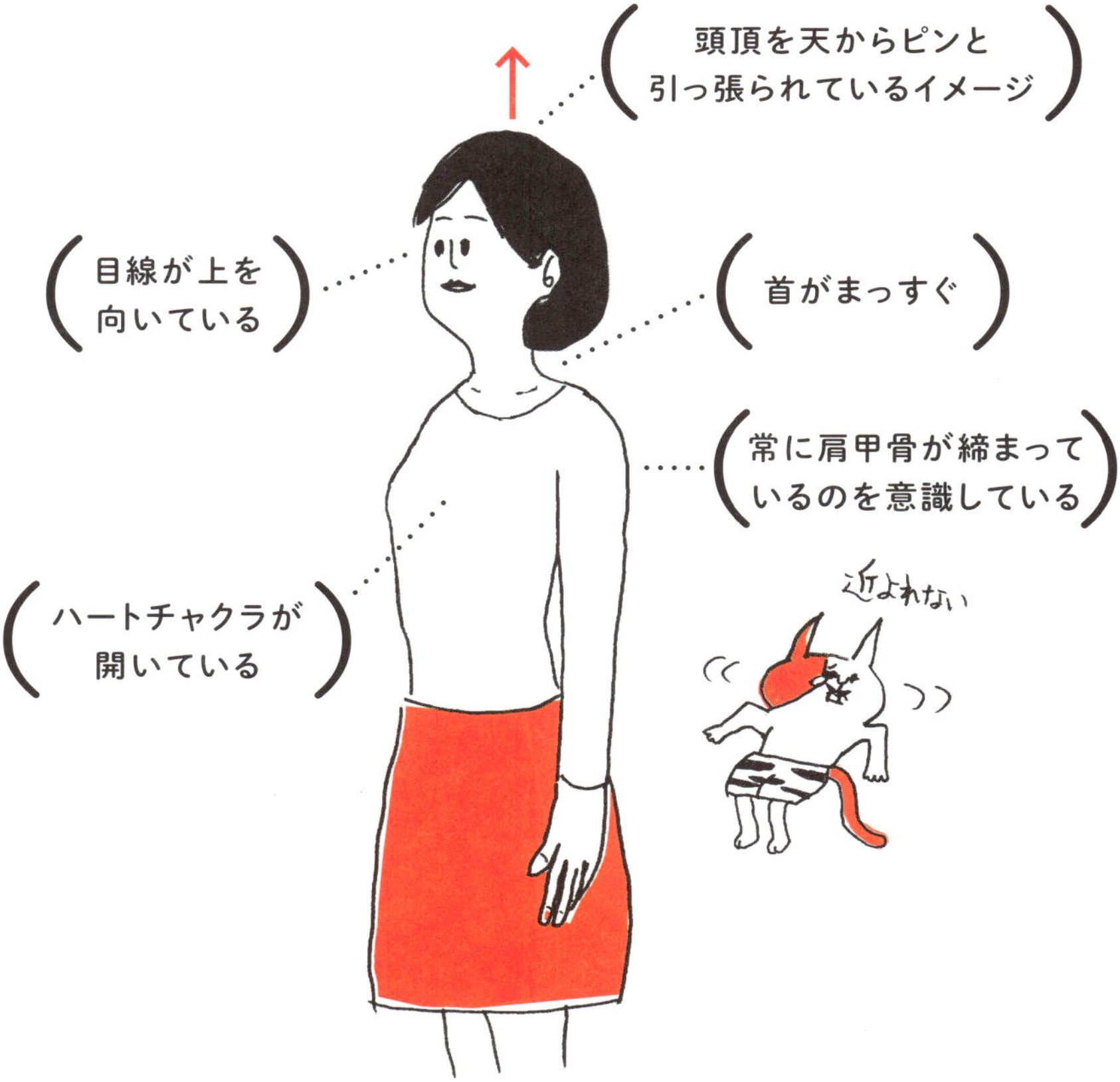
頭頂を天からピンと引っ張られているイメージ
目線が上を向いている
首がまっすぐ
常に肩甲骨が締まっているのを意識している
ハートチャクラが開いている
近よれない

姿勢について

スマホやパソコンに向かっている時間が多い現代、
どうしても首を前に倒して下向きでいる姿勢が多くなりがちです。
邪気は背中の肩甲骨の間から入りこみやすく、
胸（ハートチャクラ）から出ていくと言われていますので、
背中が丸まり、胸がきゅうくつに閉じられていると、
邪気が溜めこまれやすくなります。
ですから、邪気ばらいでは基本的に、
顔を上げて背中を締め、胸を張った姿勢が理想的なのです。
また、姿勢にはその人の現在の体調や心の状態も現れます。
気持ちが落ち込んでいたり、心配事や不安が多いと、
無意識に猫背のように背中が丸まり、胸が閉じる形になって、
自然に心も閉ざしていってしまうことになります。
しかしそれは逆も然り。
姿勢を正すことで、その心配や不安な状態を

クッッ
気のバリアーが
強すぎる…

緩和させることにもなりますので、不安やモヤモヤを取り払いたければ、まずは姿勢を正すだけでも効果があるのです。

本書で紹介する邪気ばらい体操は、
正しい姿勢で行うことによって
さらに効果的な毒出し（邪気ばらい）になりますので、
ここに挙げたポイントを参考にして、
正しい姿勢でいることを常に意識するようにしましょう。
特に、背中を反らせ胸を開く体操の場合、背中が丸まってしまったり
下を向いて胸を閉じてしまう姿勢になりますと、
放出される邪気をすべて出し切れず、
心と体にストレスを残しやすくなってしまいます。

体の軸をしっかりと保ち、
それぞれの動作に合わせて大きく動かしましょう。
そして、邪気を残らず放出して心を開放しましょう。

NG

「浅くなりがち」タイプ

忙しくて
落ち着く暇もない

イライラしている
ことが多い

不安でなかなか
眠れない

GOOD

「深くてパワフル」タイプ

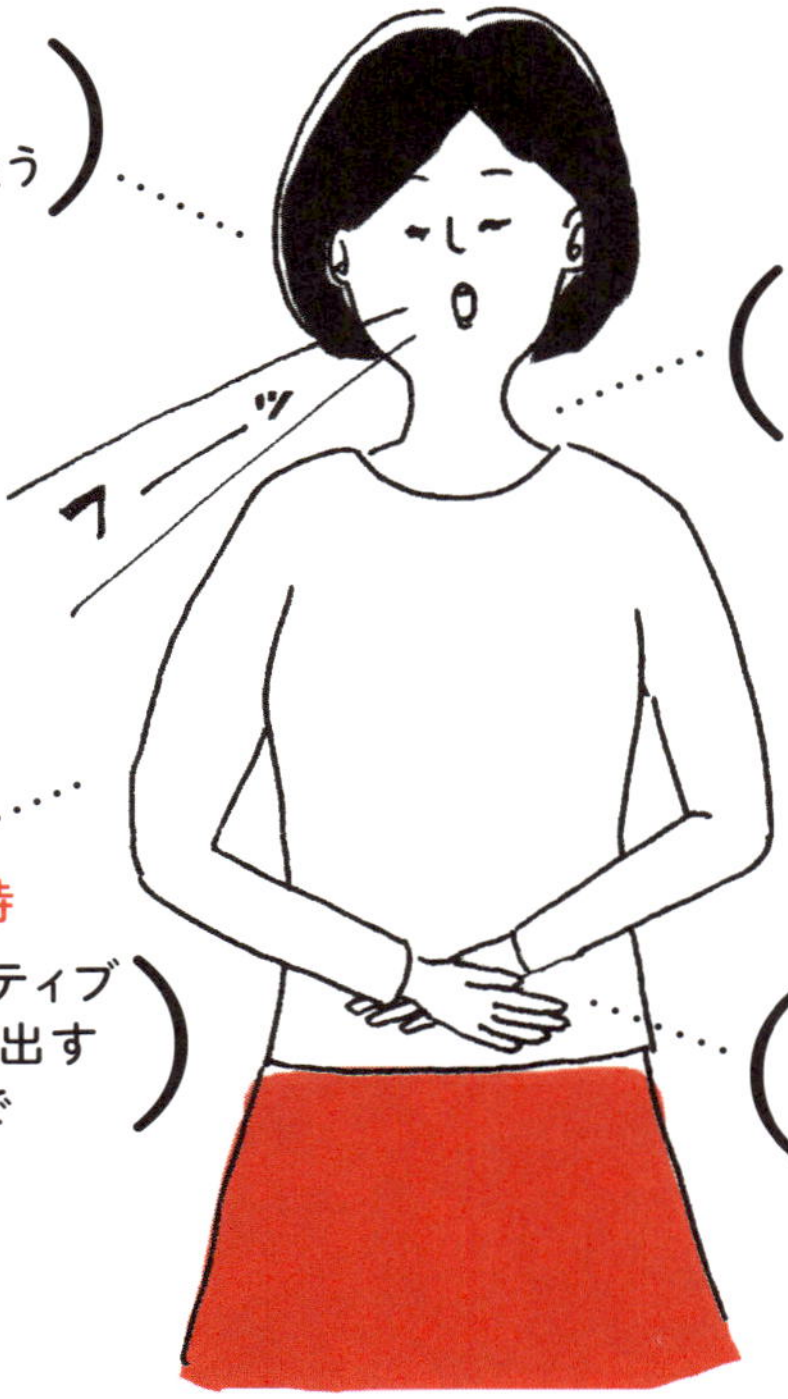

息は強めに
吐き、大きく吸う
息を吸う時
新鮮で良い空気
を取り込み体の中を
満たすイメージで
フッ
息を吐く時
体の中のネガティブ
なものを全部出す
イメージで
おへその下（丹田）
に力をこめて
腹式呼吸する

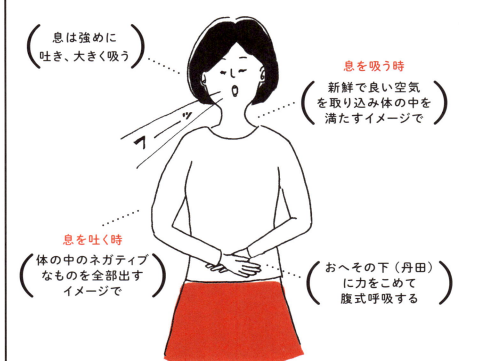

呼吸について

ママ最近
怒りっぽいねー

姿勢とともに邪気ばらいで大切なポイントの2つめは、呼吸です。
呼吸は意識しなくても体が自然と行ってくれるので、
私たちはふだん呼吸のことを忘れがちです。
当たり前のことですが、呼吸が自然に行われているのは、
私たちが生きるために欠かせないことだから。
しかし**現代人は、この大事な呼吸が浅くなっている人が多く、**
特に、
「忙しい」
「イライラしていることが多い」
「不安や心配事に常に悩まされている」
こう感じている方は、一度ご自分の呼吸がどうなっているかを
見直す必要があるように思います。
邪気ばらい体操は、主に強い呼吸で行います。
瞑想など癒やしを目的とした動作では

静かに呼吸することもありますが、
ここでは体内から邪気を出し切る力強い動作と
呼吸が基本になるのです。
気がつくと無意識に呼吸が浅くなっている、という方も
これらの体操を続けることで改善されるでしょう。
まずは、息を強く吐き出すことを心がけます。
息を出し切ると、意識しなくても自然に空気は吸い込まれます。
また動作に気を取られていると、無意識に
息を止めてしまうことがありますので注意しましょう。
動作に慣れてきたら、呼吸の強さをだんだんと上げてみましょう。
強い呼吸で内臓脂肪も燃焼され、
ダイエット効果も出てきます。
この邪気ばらい体操は、動作とそれに合わせた強い呼吸、
この2つが連動することで絶大な効果を発揮するのです。

NG

「呪い溜め込み」タイプ

ネットでついつい暗い
ニュースを見てしまう
他人の悪口、
不幸に触れる
気がつくと何か
食べている
ネガティブな
書き込みをしてしまう

GOOD

「定期的にデトックス」タイプ

自分だけの
時間を作る
たまには長風呂しながら
好きな本を読む
好きな香りを
楽しむ
思いっきり
体を動かす
ハッピーエンドの
映画を観る

心について

邪気とは、あなたの心に無意識のうちに入りこみ、
少しずつ積もり積もった不安やネガティブ感情。

これらはだんだんと**ストレスに変化し、さらに毒に変わる**のです。

邪気が溜まると、なんとなくイライラしたり、
怒りっぽくなったりして、

「私ばかり損している」

「ツイてない」

と感じ、心はどんどん下を向いてしまいます。

こんな不安やイライラではなく、
すっきりして健康的でワクワクするような毎日を送るためには、
心に邪気を溜めこまないことが必要になります。
邪気は、特別なことをしなくても、街を歩いているだけでも
知らず知らずのうちに私たちの心に入りこみますが、

定期的なデトックス（お掃除）をしてれば、
邪気を跳ね返し、逆に良い気だけを引き寄せることが
できるようになるのです。

邪気ばらい体操は、
あなたが溜めこんでしまった邪気を排出し、
心の平安と体調の安定に効果的です。
日常生活で、少しでも邪気を感じることがあったら、
この体操で体を動かしながら心を軽くしていきましょう。
あなたの心が明るく前向きな状態になりますと、
日常の出来事や景色の見え方が変わり、
また前向きな心と姿勢に変わることでしょう。

邪気ばらいは、心の毒出しであり、
また、心の魔除け（バリア）でもあるのです。

COLUMN-1

心がコントロールできない時は

日常生活を送る中で、ふと、
「なんだかちょっと疲れているかも」
「今、イライラしているな」
などと気づいた時、あなたはどうしていますか？

立ち止まってゆっくり休んだり、落ち着く時間も取れず、そのまま追い立てられるような気持ちで日常を過ごす……そんな方がほとんどではないでしょうか。

でも、このようなちょっとした不調和は、知らず知らずのうちに私たちの心身に堆積し、気づいた時には取り返しがつかないほど大きな「邪気」になってしまいます。

こうした邪気を溜め込まないためには、普段から瞑想など心を鎮める方法を実践するのが効果的なのですが、瞑想を始めたばかりの人や、すぐに気持ちを落ち着かせたい人は、やり方や考え方にとらわれず、とにかく体を動かすことをおすすめします。

それも、できれば少しハードな動きで汗が出るくらいがよいでしょう。

一心不乱に体を動かしてこの邪気ばらい体操に集中することで、外の雑音を心に入れず物ごとをクリアに考えることができるようになります。

心がだんだんと鎮まると、それが邪気ばらいの効果だと感じられると思います。

第2章
立ってできる邪気ばらい体操

1 ヒコーキ体操
2 メトロノーム体操
3 背中ゆるゆる体操
4 ひまわり体操
5 邪気とばし体操
6 風車体操
7 スキージャンプ体操
8 邪気バリア体操

邪気ばらい体操 1

ヒコーキ体操

飛行機になったつもりで
肩甲骨を締めながら
両腕を翼のように伸ばします。
背中と腰の緊張がゆるみ、
邪気が体の外に
排出されやすくなります。

特に **胸まわり** がスッキリ！

STEP①

CHECK!
肩甲骨をギュッと寄せることを意識して。
邪
BACK
肩甲骨をギュッ！
オレもやってみるか

足をそろえて立ち、両腕を真横に
伸ばして手を上に反らします。

STEP②

両腕を真横に伸ばしたまま、
片側にゆっくりと、できるだけ傾けます。

STEP③

一度起き上がったら、今度は反対側に
ゆっくりと倒します。（左右10回ずつ）

邪気ばらい体操 2

メトロノーム体操

メトロノームの
振り子のように
上半身を左右に大きく
傾けます。
背中全体がほぐれ、
肩こりが軽くなります。

特に **首、肩、お腹** がスッキリ!

STEP①

CHECK!

手のひらはできるだけ天に見せるように。

CHECK!

上から引っ張られているイメージで。

立った姿勢で両腕を頭上に伸ばし、
手のひらを上に向けて両手を組みます。

STEP②

その形のまま、上半身全体を
片側にゆっくり倒します。

STEP③

同じように上半身全体を
反対側に倒します。（左右４〜８回ずつ）

邪気ばらい体操

3

背中ゆるゆる体操

背中を締めて
リズミカルに
勢いよく動かすことで
肩甲骨まわりのコリを
一発解消します。

特に 喉から胸にかけて がスッキリ!

STEP①

CHECK!
両手のひらをしっかりとつけながら指を組みます。
ふぉー

両手を後ろ手に結び、胸を張って
両腕を伸ばします。

STEP②

CHECK!

エイっと
両腕を
上に
向けましょう。

そのまま上半身を
勢いよく前に倒します。

STEP ③

CHECK!

腕を後ろから
引っぱられている
イメージで、
できるだけ
伸ばしましょう。

上半身を上に戻し、両腕を後ろに伸ばして
10秒間そのままでいます。

邪気ばらい体操

4

ひまわり体操

呼吸と動作が
一体になるように
全身をリラックスさせます。
上を向いて胸を開くことで
自然と心がポジティブに
なっていきます。

特に 胸からお腹にかけて がスッキリ!

STEP ①

CHECK!

全身の
余分な力を
抜きましょう。

**足を肩幅に開いて
まっすぐ立ちます。**

STEP②

顔を上に向け、両腕を広げながら
斜め上に伸ばしていきます。（4回〜8回）

LEVEL UP!

できる人は
このぐらいまで
反るとよりGOOD！

上半身が
爪先より前に
いかないように！

邪気ばらい体操

5

邪気とばし体操

強い呼吸とともに、
指先から邪気が
一気に出ていくイメージで。
上体をほぐしながら、
体内の毒出しができます。

特に **頭、首、肩** がスッキリ!

STEP①

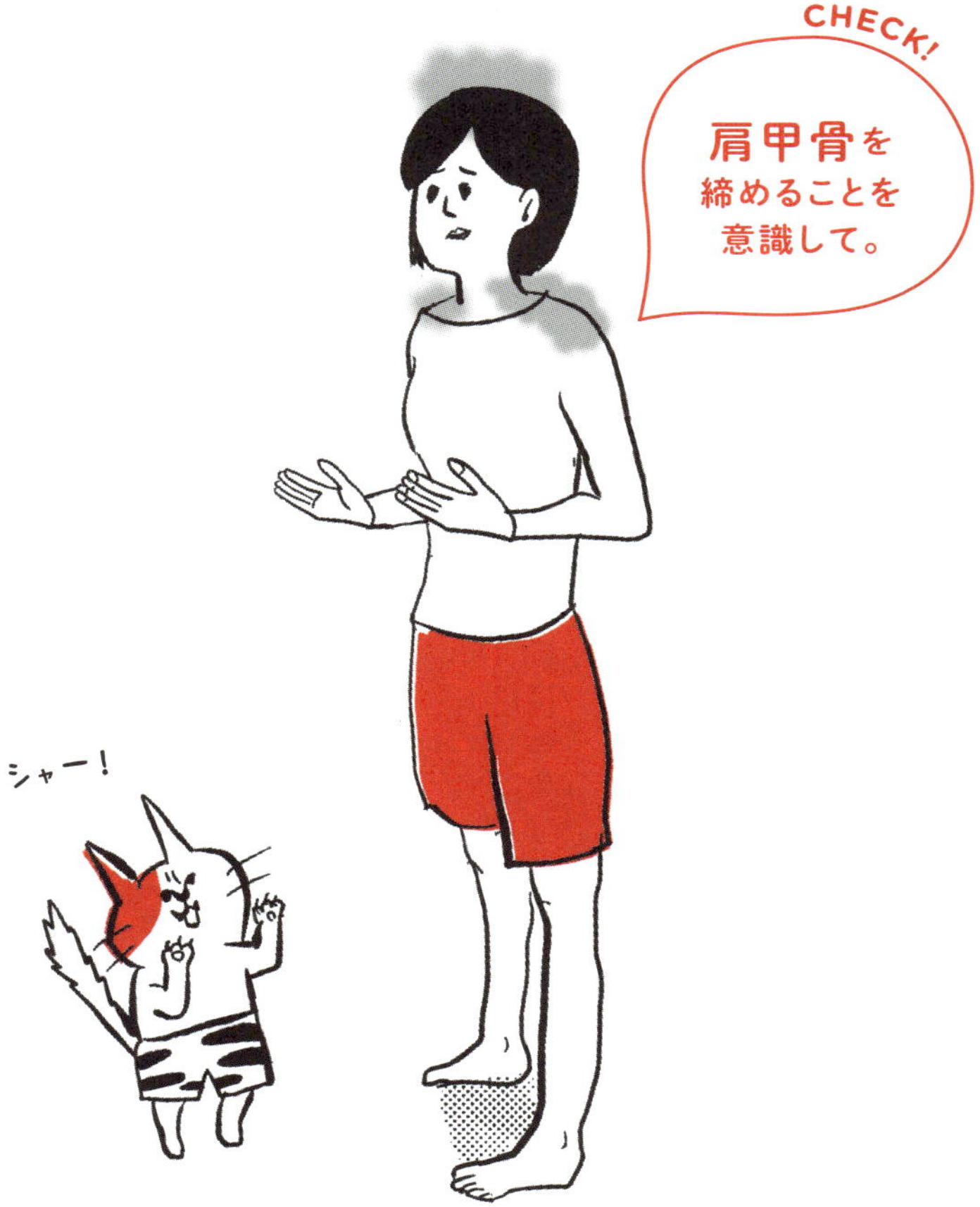
CHECK!
肩甲骨を締めることを意識して。
シャー！

立った姿勢で、
両手を腰のあたりで構えます。

STEP②

空手の突きのように、片手を勢いよく
斜め上に突き出しましょう。

STEP ③

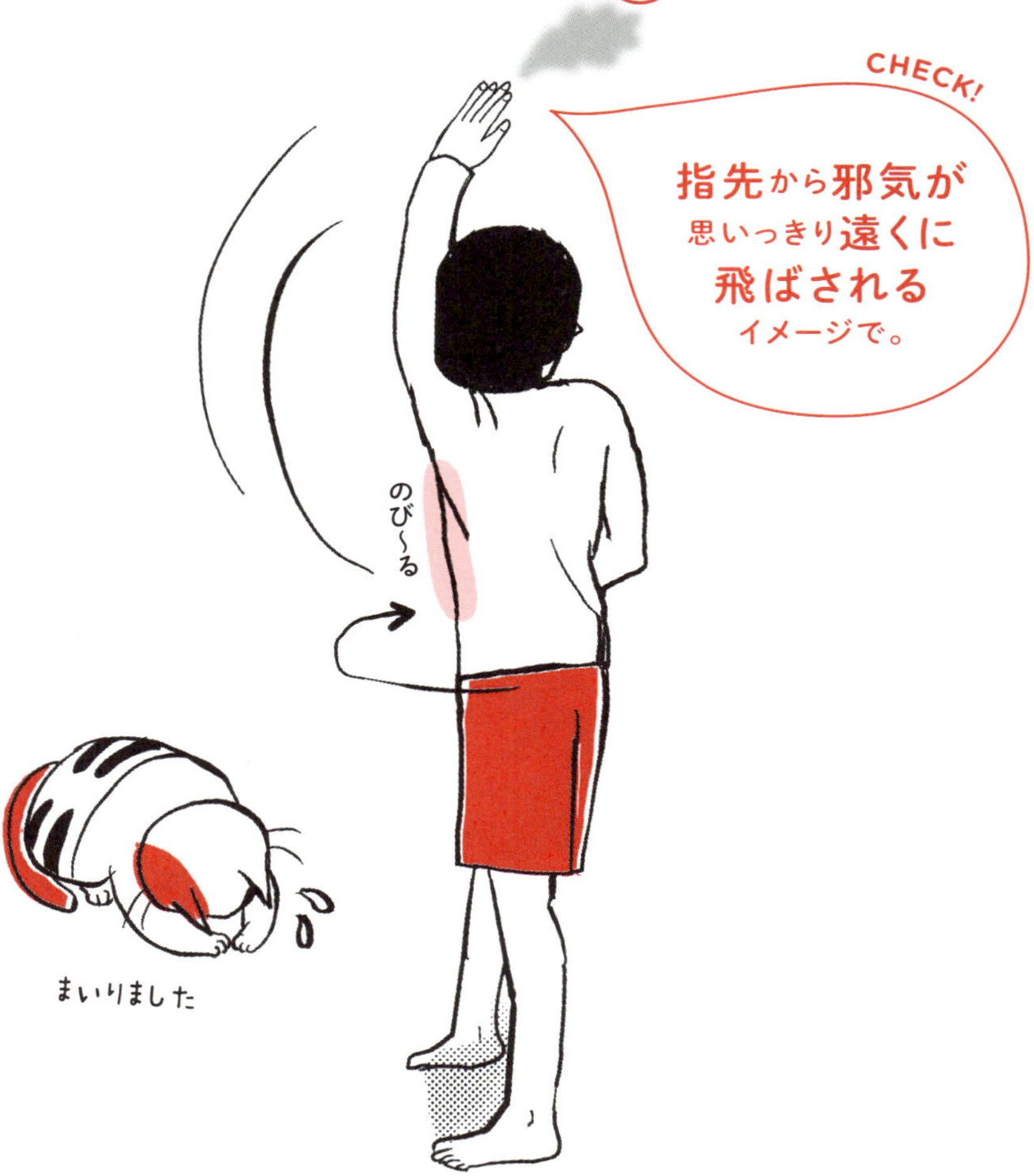
CHECK!
指先から邪気が
思いっきり遠くに
飛ばされる
イメージで。
のび〜る
まいりました

同じように、反対の手を勢いよく
斜め上に突き出しましょう。(左右各4回〜8回)

邪気ばらい体操 6

風車体操

腕を大きく回すことで、
邪気が入りこみやすい
肩甲骨の間が柔軟になり、
邪気を締め出します。

特に **首、肩、背中、腕** がスッキリ!

STEP ①

CHECK!

ヒジを
曲げないように
気をつけましょう。

足を肩幅に開き、
手のひらを前に向けます。

STEP ②

CHECK!

肩甲骨を
大きく
動かすように
意識して。

両腕を伸ばしたまま、
ゆっくりと頭上に上げます。

STEP③

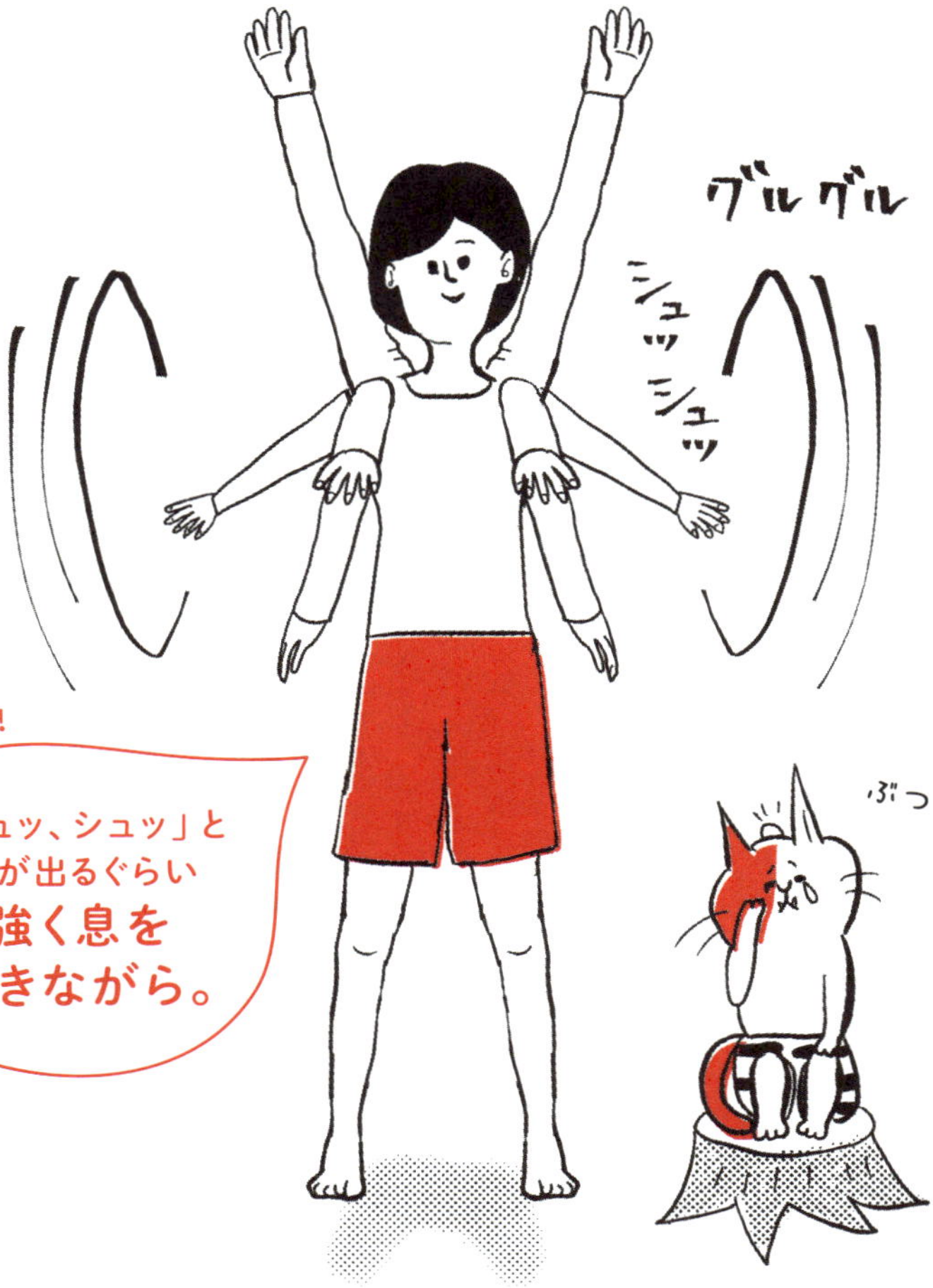

CHECK!

「シュッ、シュッ」と
音が出るぐらい
強く息を
吐きながら。

息を吐き出しながら
強く振り下ろします。（10回～20回）

邪気ばらい体操 7

スキージャンプ体操

猫背の人には特に効果大！
背中から脚ウラまでの
筋力強化で姿勢がよくなり
邪気を跳ね返す
力がつきます。

特に **お腹、腰、脚ウラ** がスッキリ！

STEP①

CHECK!

両手は太ももの後ろあたりに付けます。

足を肩幅より大きく開き、力を抜きましょう。

STEP②

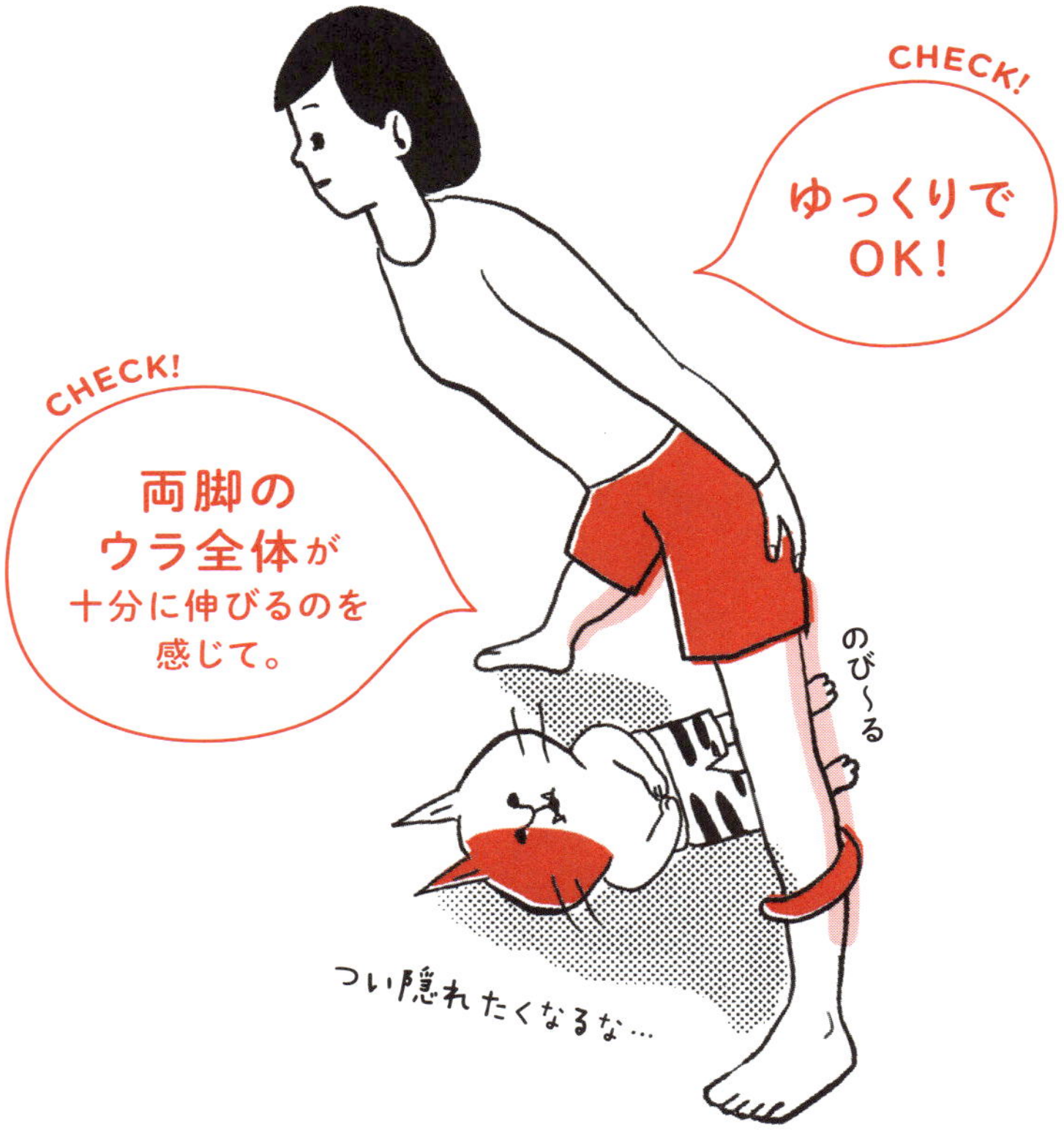

ヒザを曲げないように、
上半身だけ前に倒していきます。

STEP③

CHECK!

顔が下を向くと
バランスを
崩しやすいので
注意。

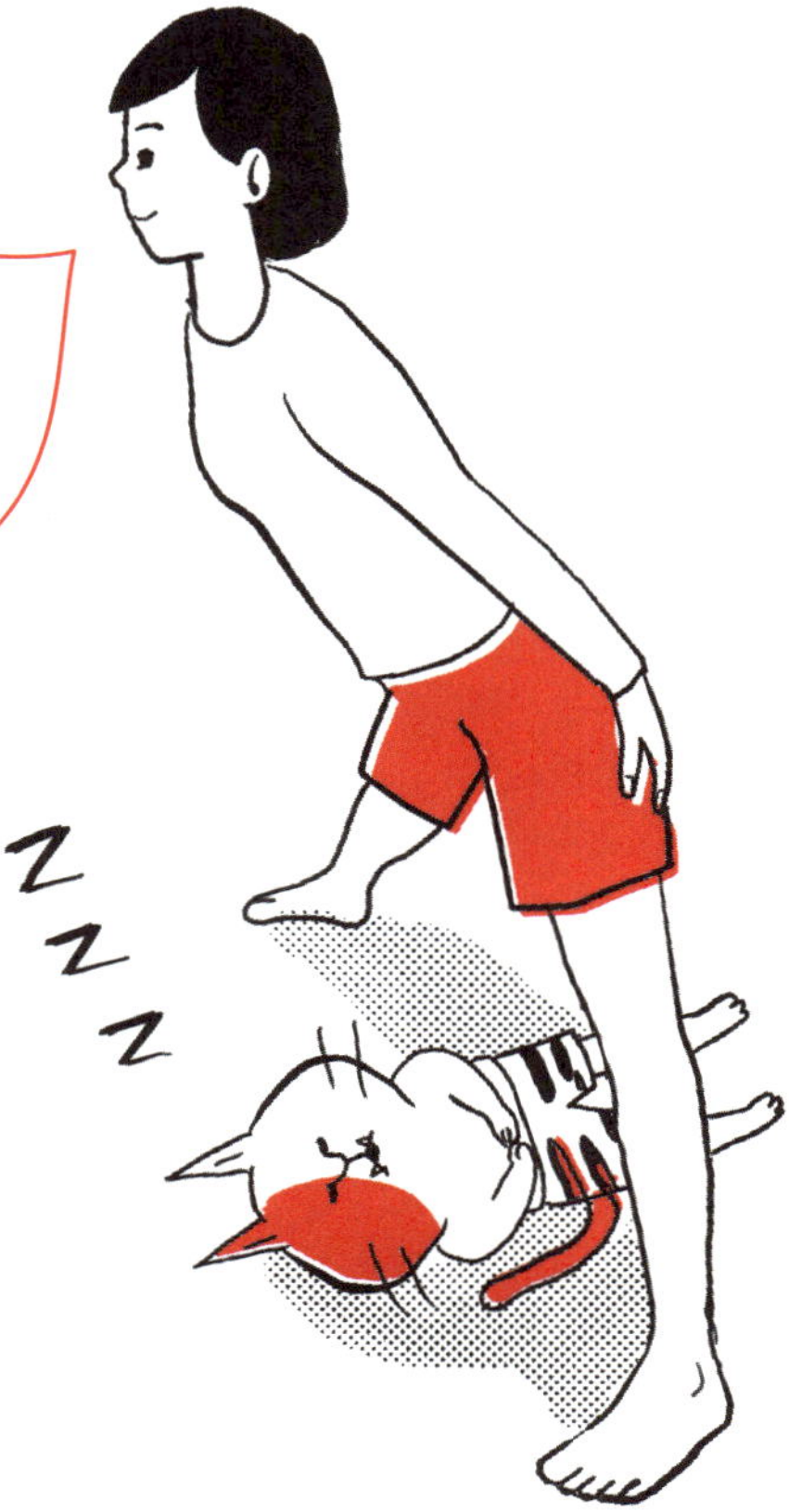

②の前傾姿勢を保ったまま、息を吐きながら
顔を前に向け、肩甲骨を絞りましょう。（10回）

邪気ばらい体操

8

邪気バリア体操

股関節を強化します。
邪気バリアで
風邪をひきにくくなり、
老化防止に
絶大なる効果があります。

邪気を寄せつけない バリア効果！

STEP ①

CHECK!
手はイラストのように組んで、邪気ばらい効果UP!
タッ
タッ

四股《しこ》を踏む姿勢になり、
両手を組みます。

STEP②

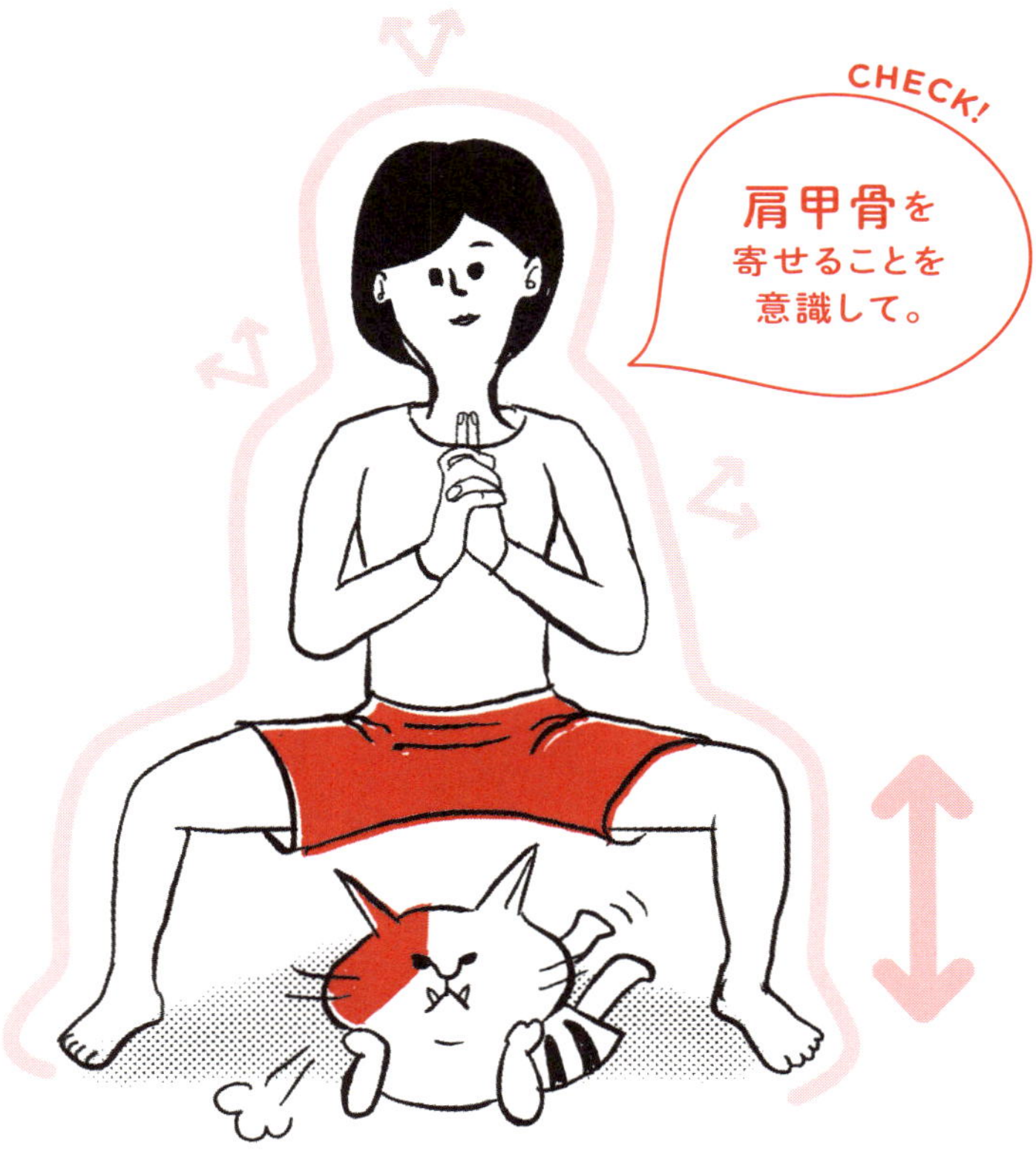
CHECK!
肩甲骨を
寄せることを
意識して。

強く息を吐きながら、上体を
上下させましょう。(10回～20回)

LEVEL UP!

できるだけ深く
腰を落とせると
よりGOOD！

上半身が
前のめりに
ならないように！

COLUMN-2

実は効果大！ カラオケ邪気ばらい術

邪気ばらいの方法のひとつに、大きな声を出すというものがあります。

武道や武術では、「気合《きあい》（エイ！ヤー！トオー！のような大声）や、「息《い》吹《ぶき》」（シュッ！コオ〜〜！などの強い呼吸）などがありますが、これらにはストレスや邪気が体から一気に出ていく効果があります。

邪気ばらいの方法としては、ヨガなどで癒やしの時間を持つのもいいのですが、一般的に広くやられているヨガでは静かな動作が多いため、大きな声や強い呼吸を一気に出すことがほとんどありません。そのため初心者の方は、邪気がはらい切れず残ってしまうことがあります。

そこでおすすめしたいのが、「カラオケ」です。

まわりを一切気にしないで、自分の好きな歌を大声で歌ってみましょう。

ポイントは、大声を出し切ること。音程も、点数も、なにも気にせず、ただ体の底から大声を出し切ってください。

バラードを歌うことの多い方も、たまには激しい曲でシャウトしてみましょう。1、2曲歌うだけでも、心も体もスッキリしますよ。

楽しくお試しくださいね。

第3章
座ってできる邪気ばらい体操

邪気ばらい体操 9

ハートチャクラ体操

ハートチャクラから
邪気が出ていくと同時に
強い呼吸をすることで
澄んだ気をどんどん
吸い込みます。

特に 頭、心 がスッキリ！

STEP①

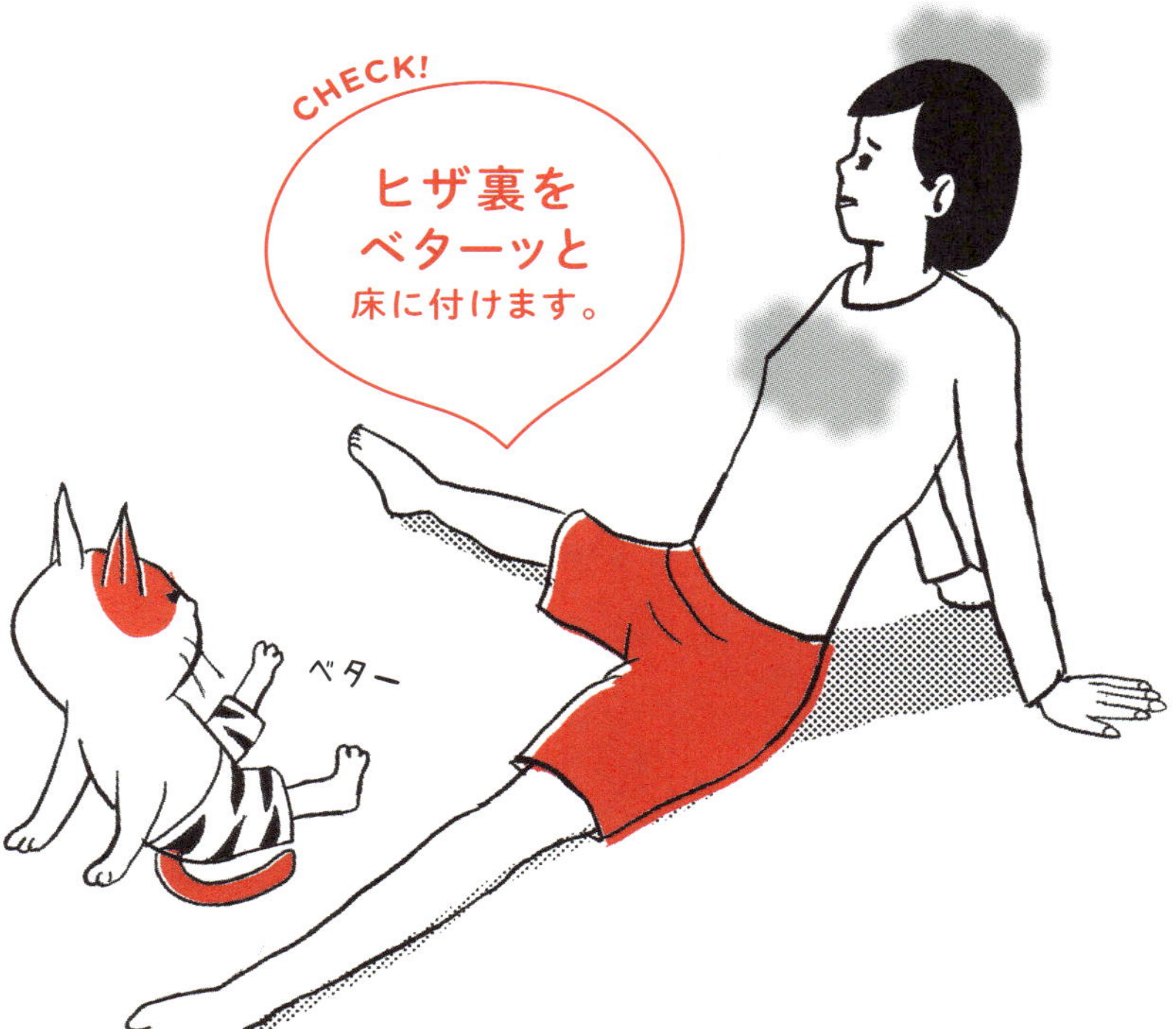
CHECK!
ヒザ裏を
ベターッと
床に付けます。
ベター

座った姿勢で、両手を
体の後方の床に置きます。

STEP②

CHECK!
顔を上に向ける
と自然に
肩甲骨が締まります。
フーッ

顔を少し上に向け、
息を強めに吐きましょう。（4回～8回）

（アレンジ）

CHECK!
背中は
背もたれに
付けない
ようにします。

CHECK!
ヒジを
背もたれに
当てる
ようにします。

イスに座ってもできます。

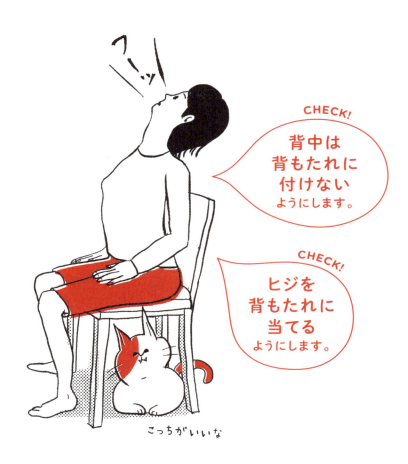

邪気ばらい体操 10

コリ知らず体操

首のコリがほぐれると、
頭がスッキリするだけでなく
目ヂカラも強くなり、
邪気を寄せつけません。
「首がまわる」ことで
金運アップの効果も。

特に 首、肩 がスッキリ!

STEP①

CHECK!

9と同じで、
ヒザ裏を
ベターッと
床に付けます。

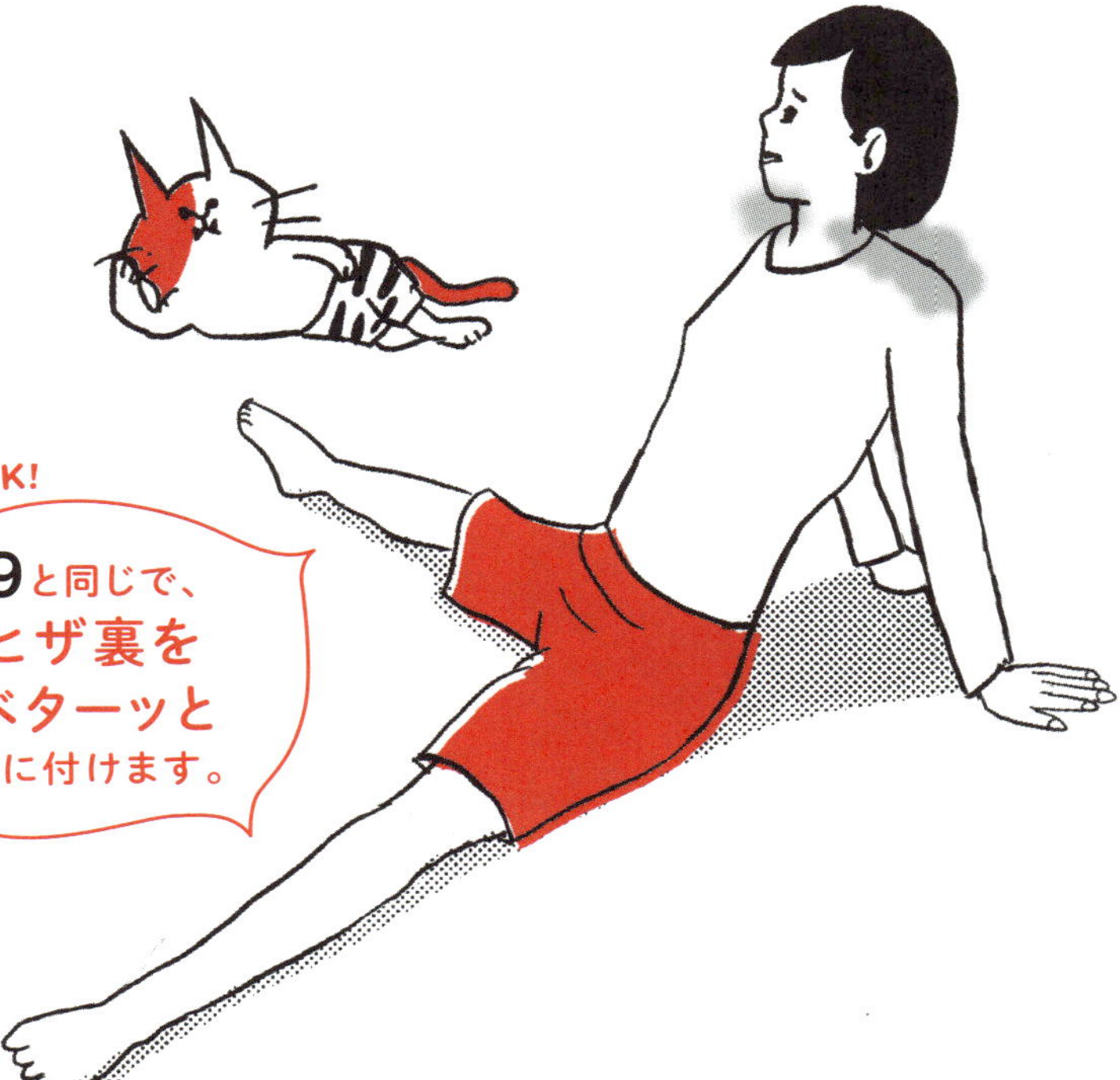

座った姿勢で、両手を
体の後方の床に置きます。

STEP②

後ろにあずけた頭を
左右に振ります。

STEP③

CHECK!

ゆっくり、
「イタ気持ちいい」
ところまで
倒しましょう。

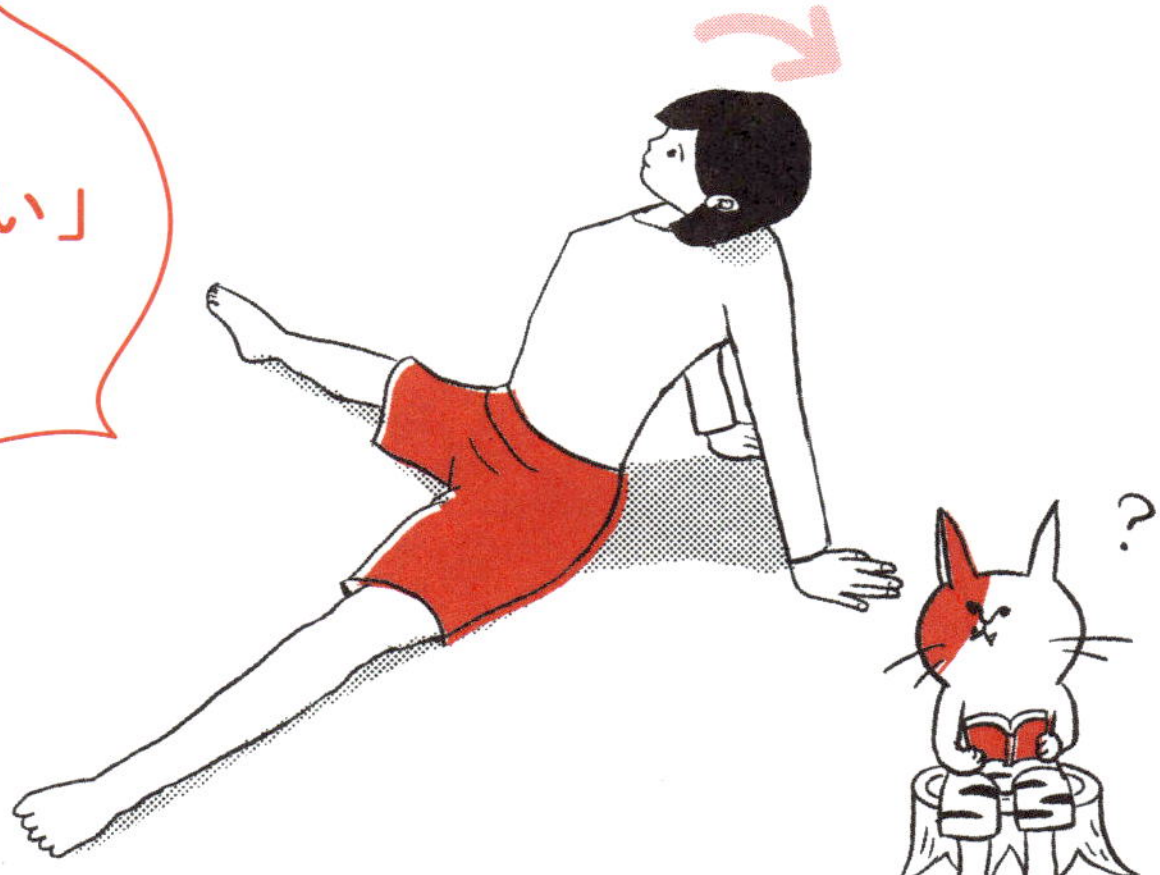

息を吐きながら、頭を
左右に倒します。（左右各4回～8回）

邪気ばらい体操

11

引き上げられ体操

上半身全体、特に腰まわりのコリがゆるみイライラ（怒り）を解消。邪気を出して気持ちが前向きになります。

特に 腰 がスッキリ！

STEP①

CHECK!

背すじを伸ばし、
ヒジが曲がらない
ようにしましょう。

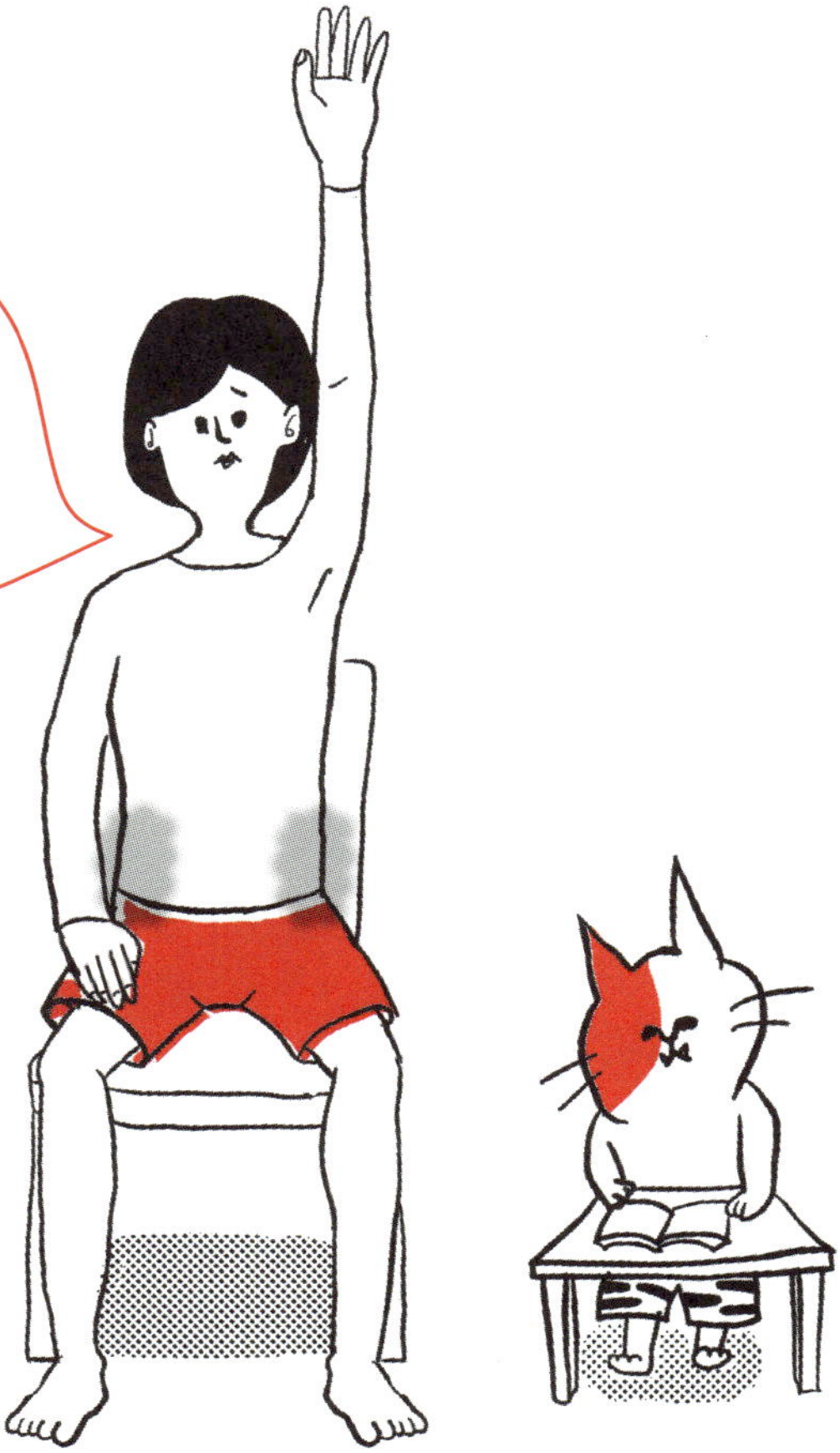

イスに座った姿勢で、
片腕を真上に伸ばします。

STEP②

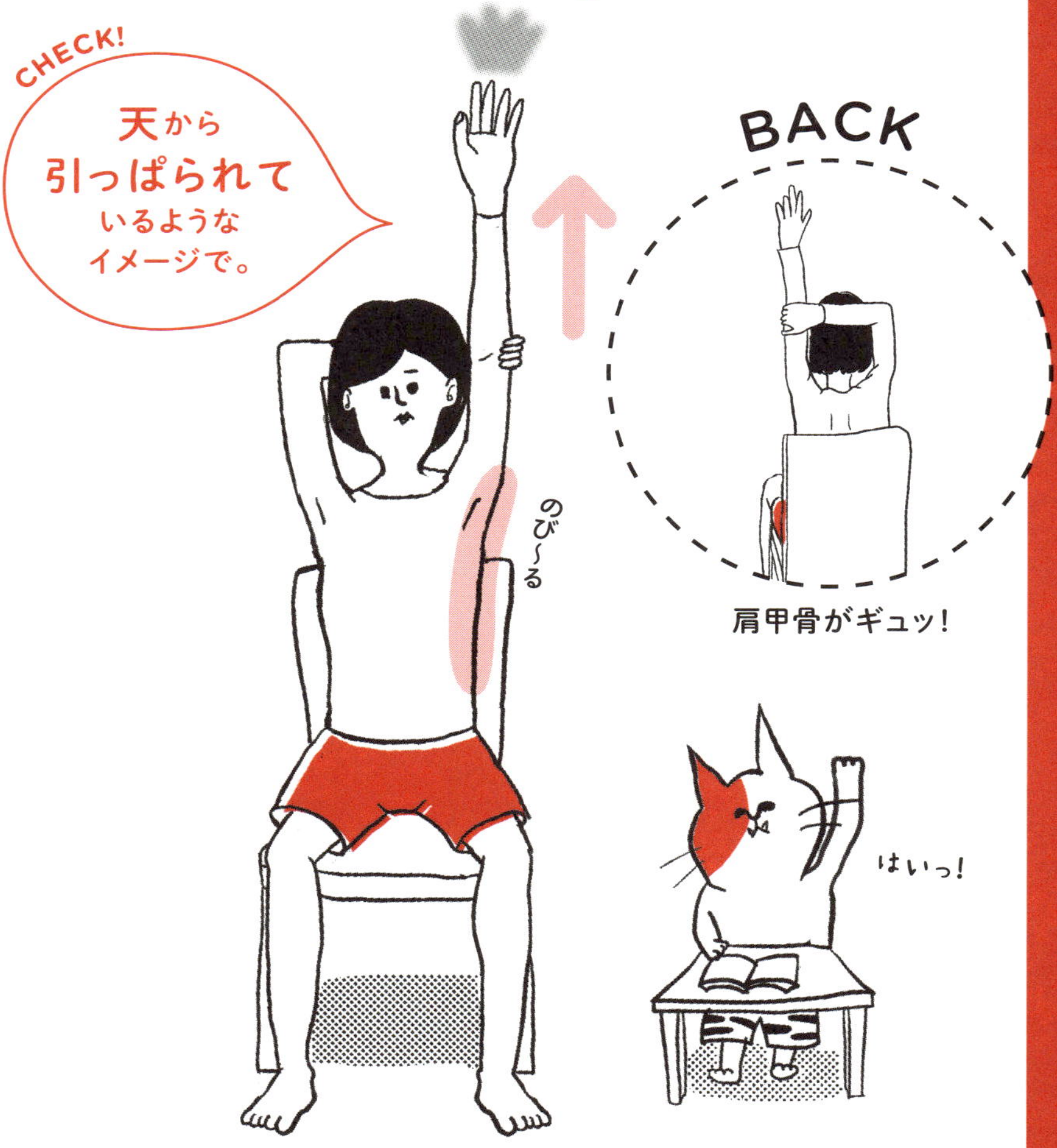

もう片方の手を補助に添えて、
さらに真上に伸ばしていきます。

STEP③

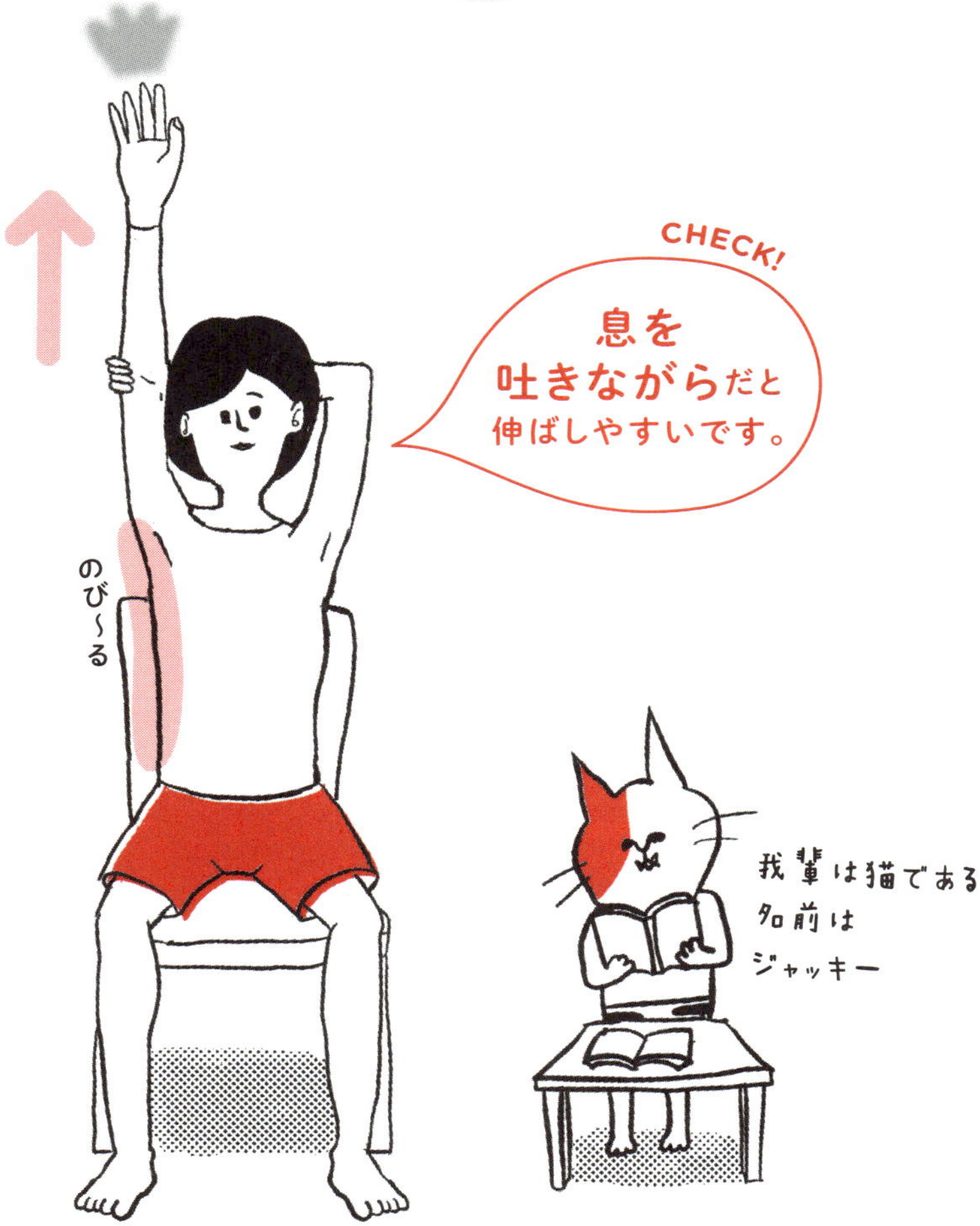

腕を変え、同じように
上に伸ばします。（左右各4回〜8回）

邪気ばらい体操 12

邪気ばらい瞑想

集中することも考えない。
どんどん「無」に
なっていく。
忍者の瞑想法で
体内を丸ごと浄化します。

邪気を寄せつけない バリア効果！

STEP①

CHECK!

目は閉じるか
半目にし、
心を落ち着けます。

正座をして両手を
ヒザの上に乗せます。

STEP②

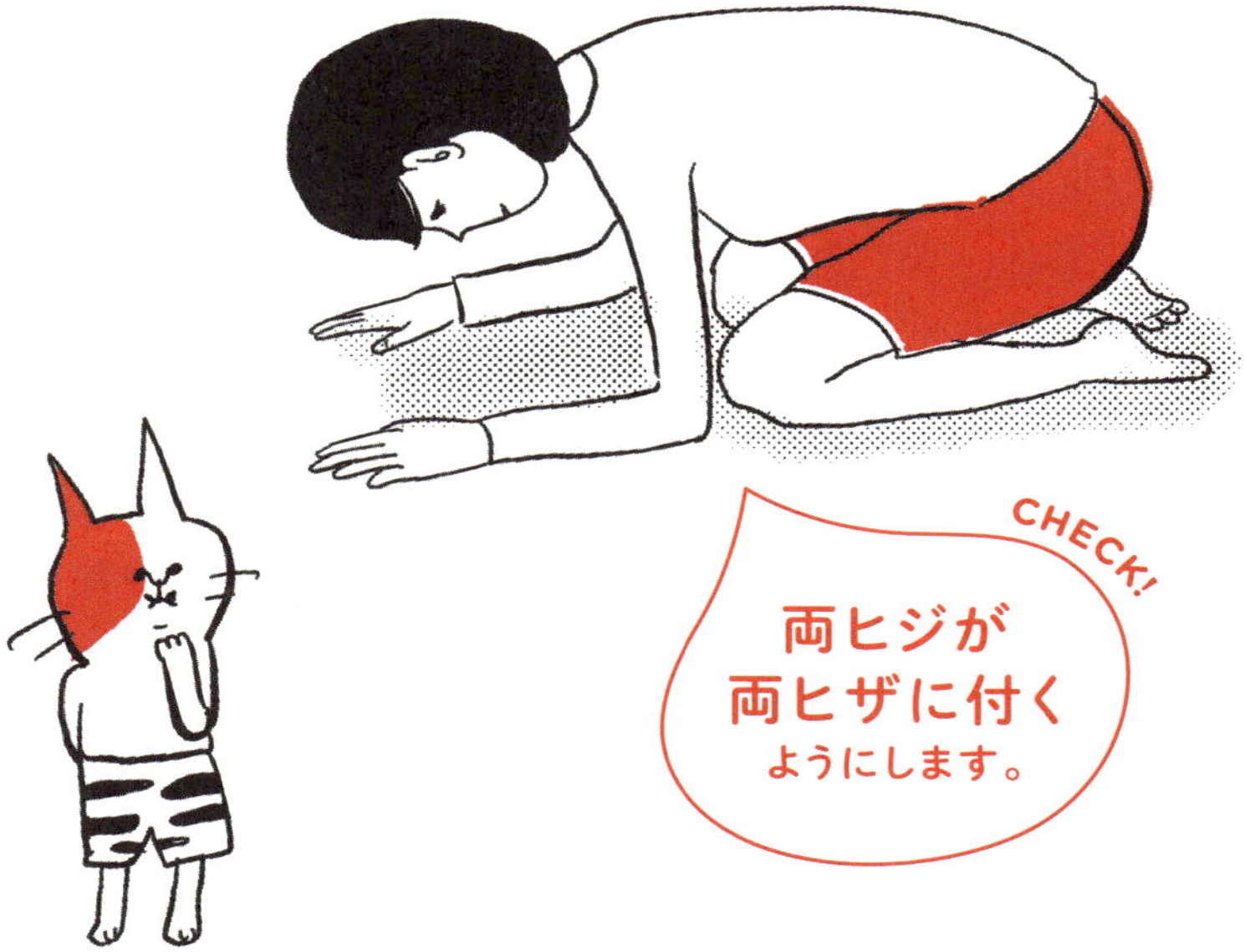
CHECK!
両ヒジが
両ヒザに付く
ようにします。

腕を曲げて前かがみになり、
ヒジから先を床に付けます。

STEP③

ヒジを伸ばし、目の前の１点に集中しながら目を閉じて瞑想します。（5分～20分程度）

邪気ばらい体操 13

邪気しぼり体操

ぞうきんの水気を
絞り出すイメージで
脇腹から背中にかけて
じっくり絞ることで、
ストレス、イライラが
一気に軽くなります。

特に **背中** がスッキリ!

STEP①

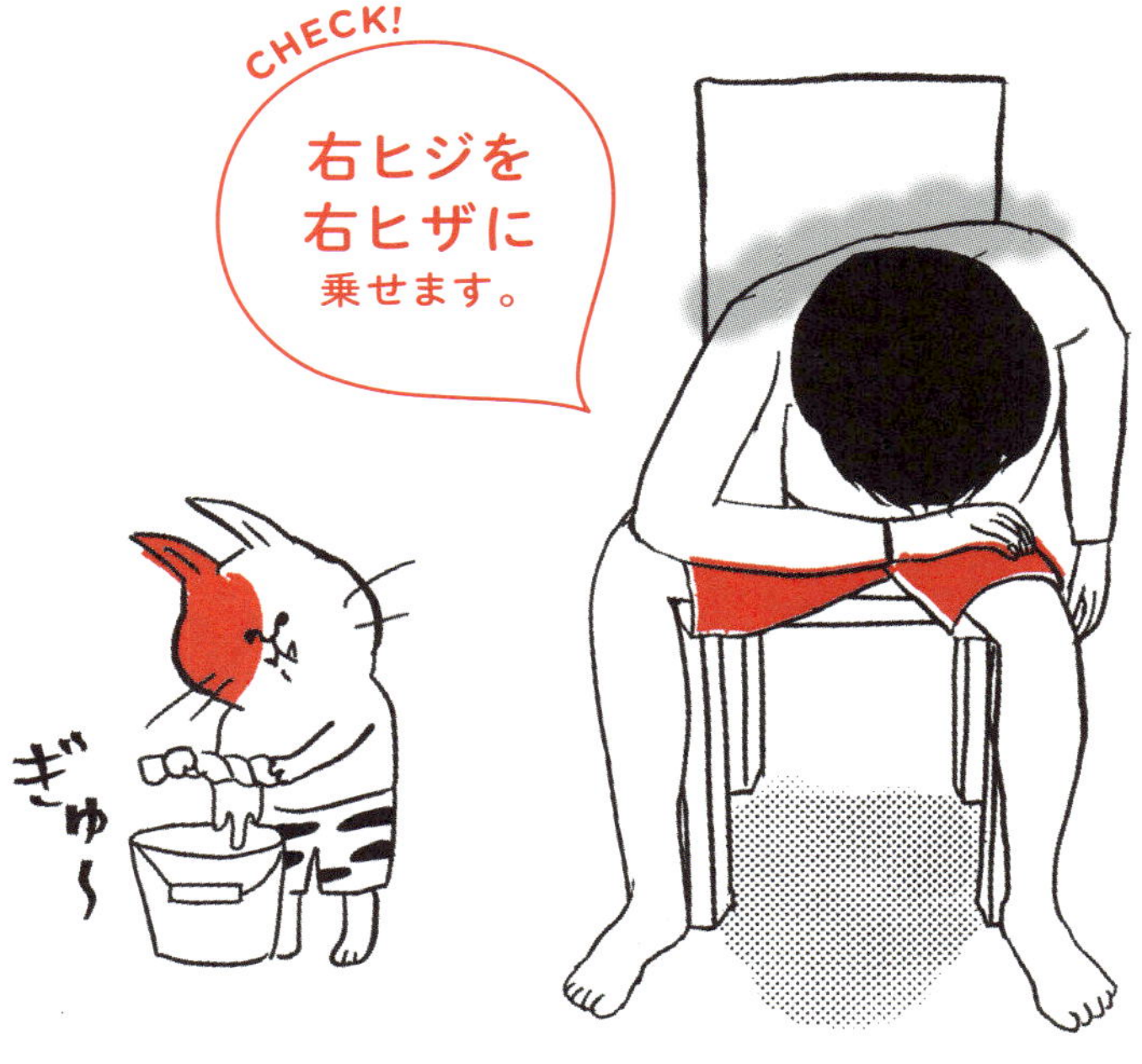
CHECK!
右ヒジを右ヒザに乗せます。
ぎゅ〜

足を肩幅に開いてイスに座り、
前にかがみます。

STEP②

斜め下を見たまま、左手を
後ろ斜め上にできるだけ伸ばします。

STEP③

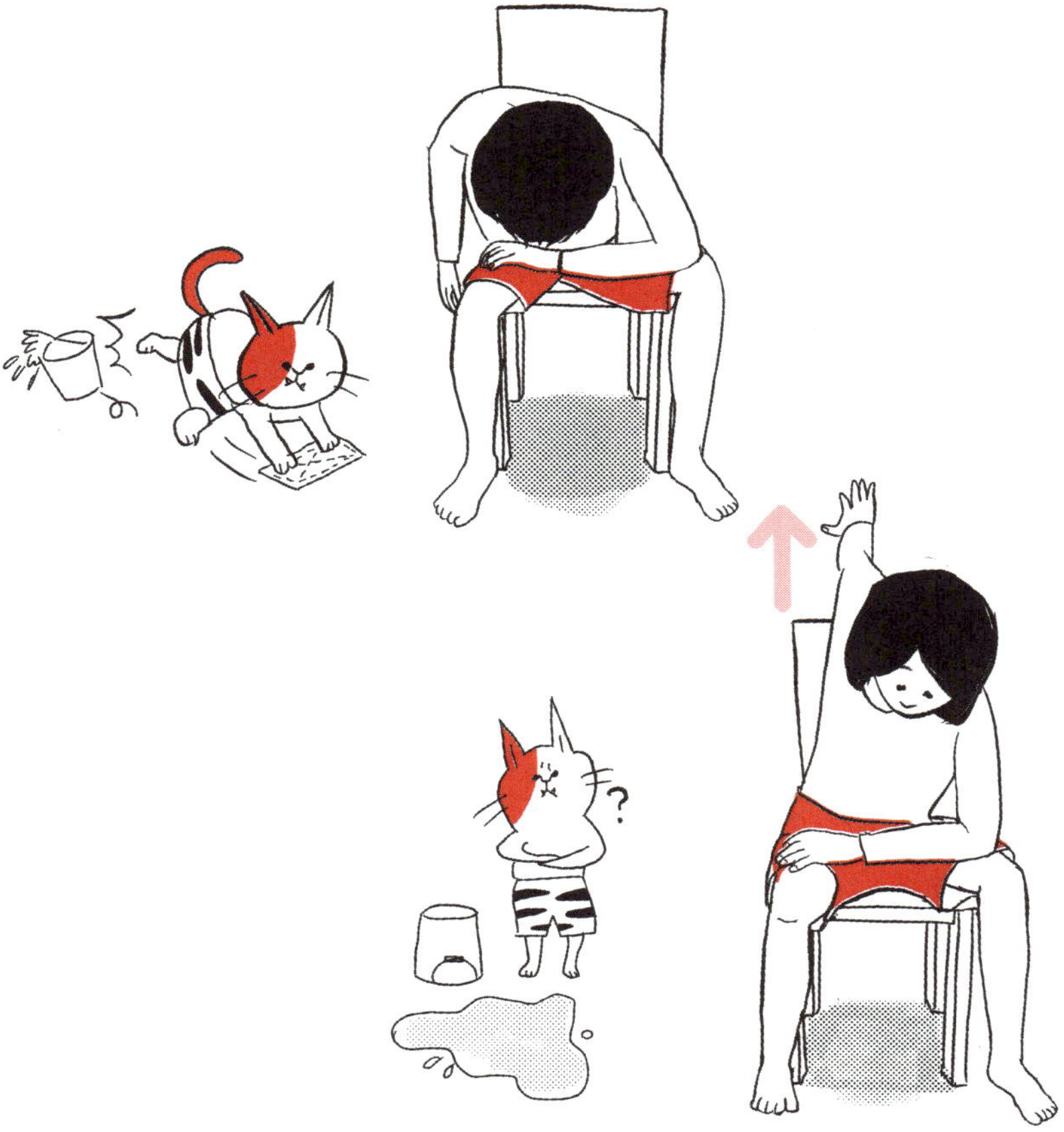

反対側も同じように行います。
（左右各4回～8回）

COLUMN-3

邪気ばらい流ダイエット

ここでは、邪気ばらいとダイエットの関連についてお話ししましょう。

ダイエットしたいのにできない人には、以下のような方が多いようです。

1 他人の義務を背負ってしまっている
2 未来の出来事への心配をしてしまう
3 自分自身を許せていない
4 完璧主義になっている
5 他人や自分への罪悪感を持っている

このような心の状態でいると、「わかっているのについつい食べてしまう」傾向があります。

こんな時、食事制限や運動も大事ですが、まずはお部屋や机の中に溜めこんでしまった、「いらない物」を捨てることをおすすめします。

いらない物を溜めこんでしまっている量と、その人の体型はなぜかシンクロしていることが多いと言われています。

一気にやらなくても大丈夫です。1日1個捨てる、1日10分間掃除するなど、こまめに、いらない物には感謝しながらさよならしましょう。

「断捨離」は「邪気ばらい流ダイエット」でもあります。物を溜めこまないようにしていくと、なぜか体重も減っていくので本当に不思議です。

これも、邪気ばらいのひとつなのです。

第4章
寝ながらできる邪気ばらい体操

14 ゆるブリッジ体操
15 ハッピーブリッジ体操
16 ダブルオープン体操
17 腰ねじり体操
18 ゴムゴム体操
19 ガス抜き体操
20 魚の骨はがし体操

邪気ばらい体操

14 ゆるブリッジ体操

背中を反らすことによって
首から腰まで
まんべんなく伸び、
コリがほぐれます。
全身から邪気が抜けて
リラックスできます。

特に **首、肩、お腹** がスッキリ！

STEP①

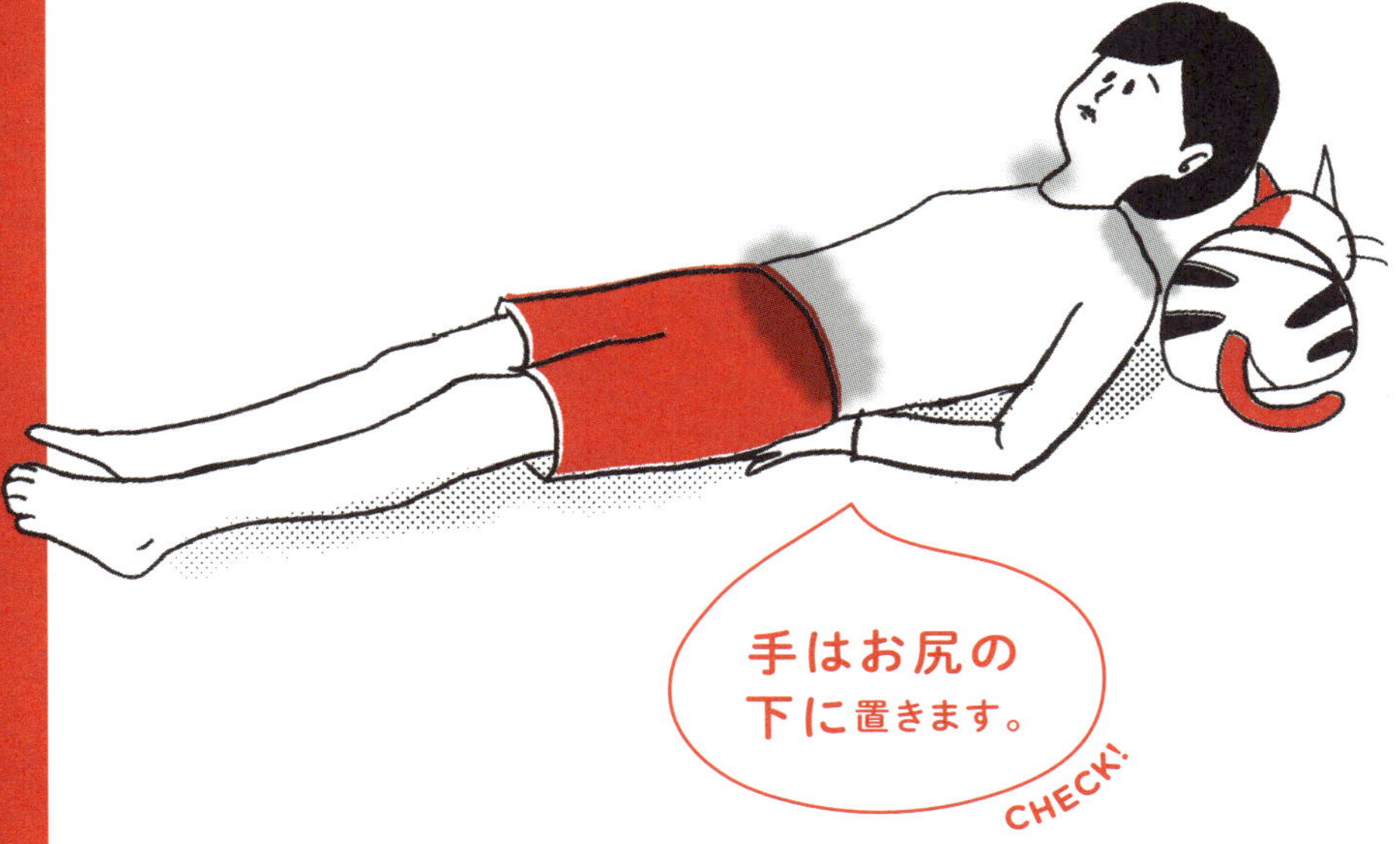
手はお尻の
下に置きます。
CHECK!

仰向けに寝て、
両ヒジを背中の下で立てます。

STEP②

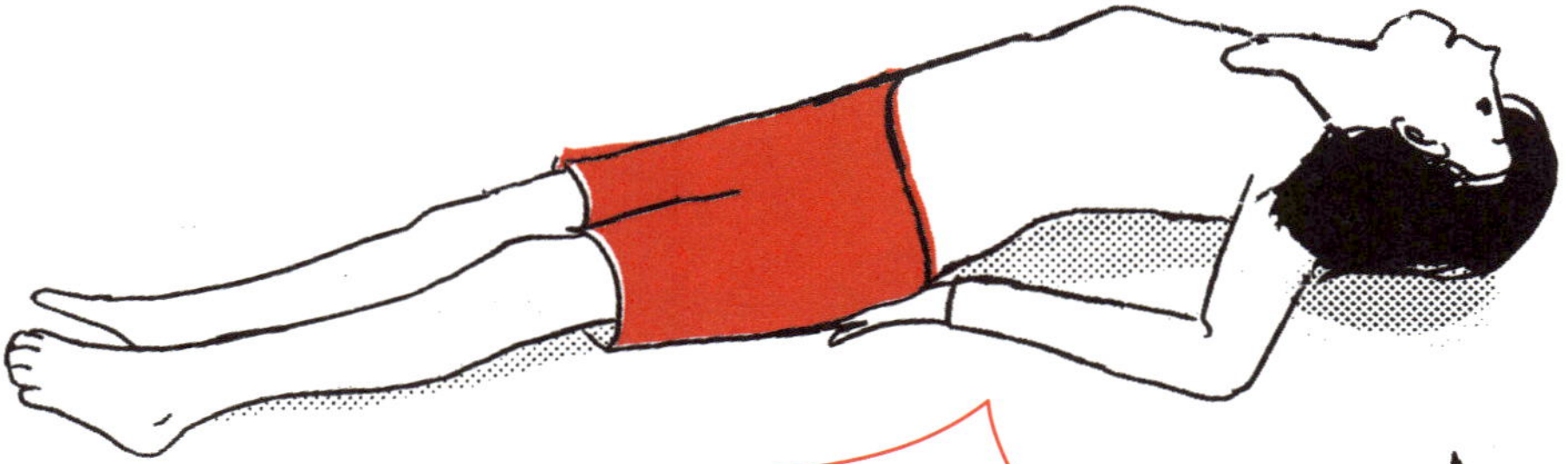

反らした後は
息を吐きながら
元に戻します。
CHECK!

息を大きく吸いながら
背中を大きく反らします。(4回〜8回)

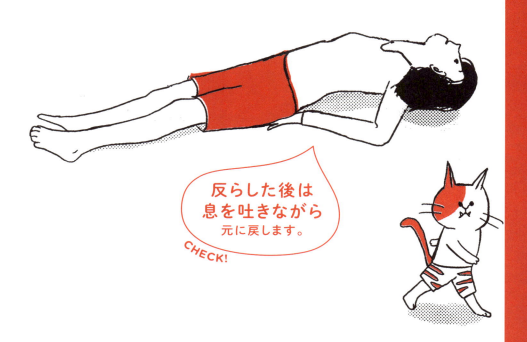

邪気ばらい体操 15 ハッピーブリッジ体操

首が伸びて胸がゆるみます。
ハートチャクラが開くことで
自然にポジティブなことが
引き寄せられます。

特に **首、肩、腰** がスッキリ!

STEP①

CHECK!

つかめない人は
触る程度でもOK!

仰向けに寝て、頭を床に付けたまま
両手で足首をつかみます。

STEP②

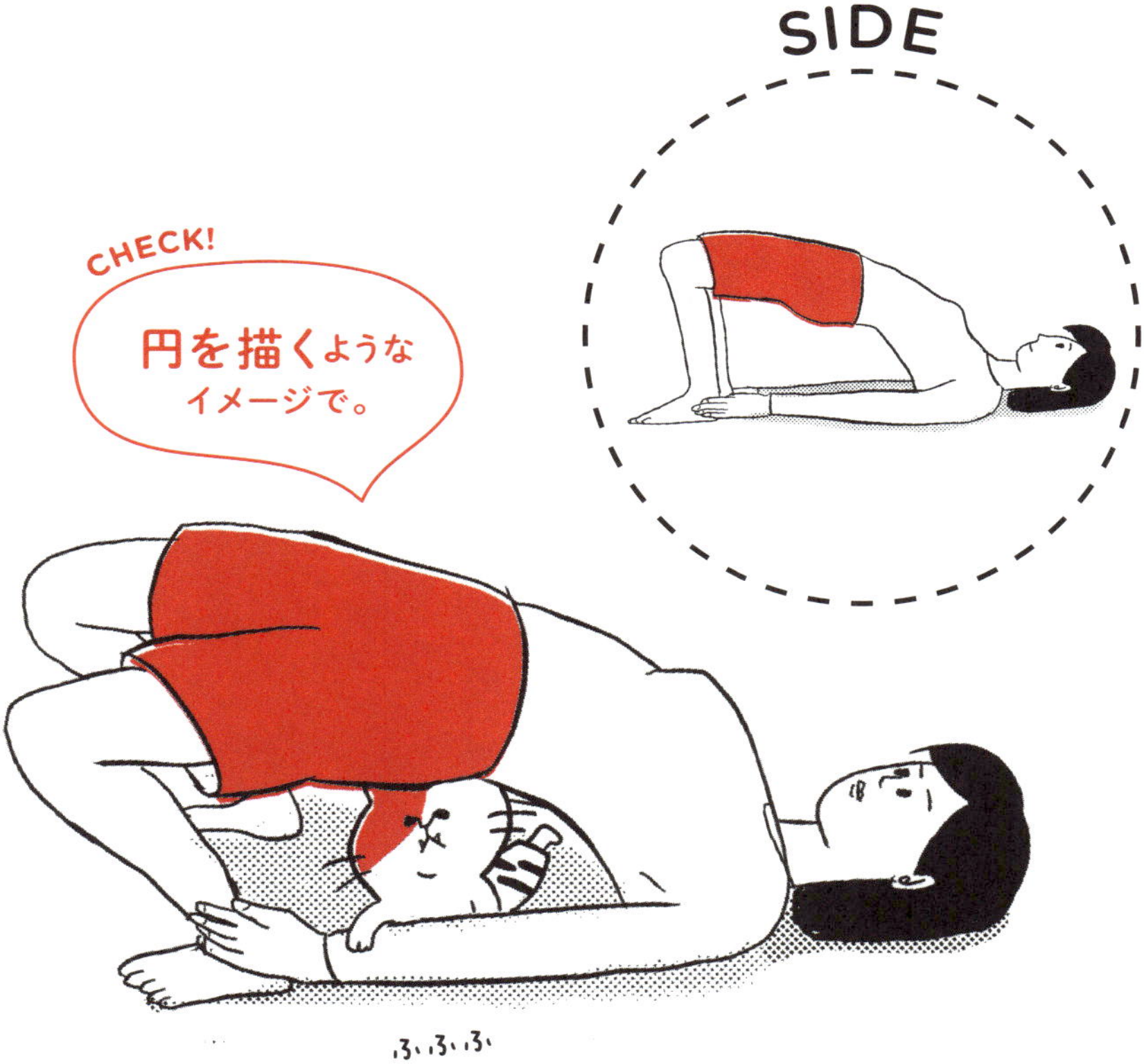
SIDE
CHECK!
円を描くようなイメージで。
ふふふ

大きく呼吸をしながら、ブリッジの要領で腰を持ち上げます。(4回～8回)

邪気ばらい体操

16 ダブルオープン体操

背骨から股関節のストレッチ＆強化が同時にできます。鼠《そ》径《けい》部《ぶ》からの毒出しで、若返り効果も！

特に **お腹、鼠径部** がスッキリ！

STEP ①

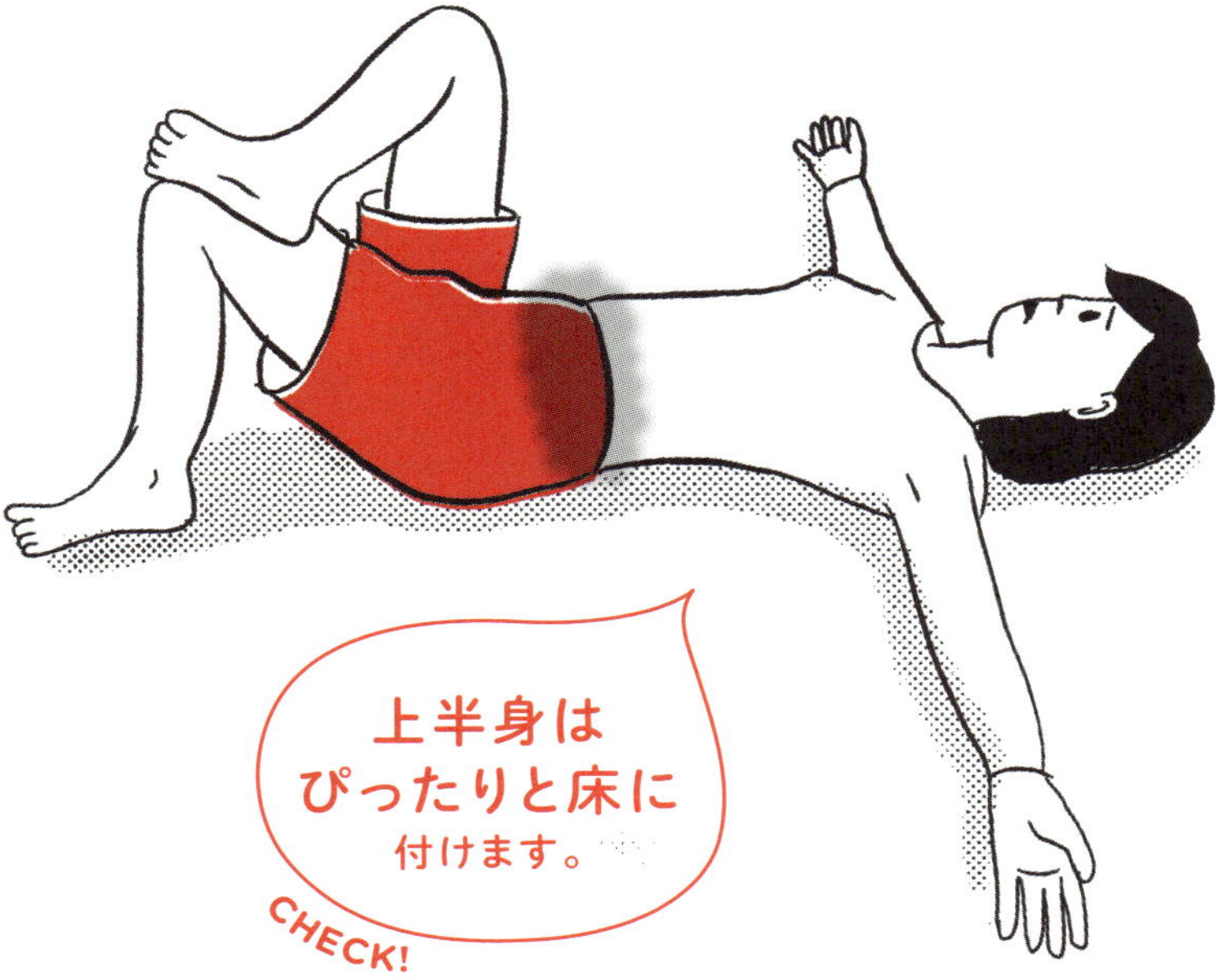
上半身は
ぴったりと床に
付けます。
CHECK!

仰向けに寝て、
足を反対の足のヒザに乗せます。

STEP②

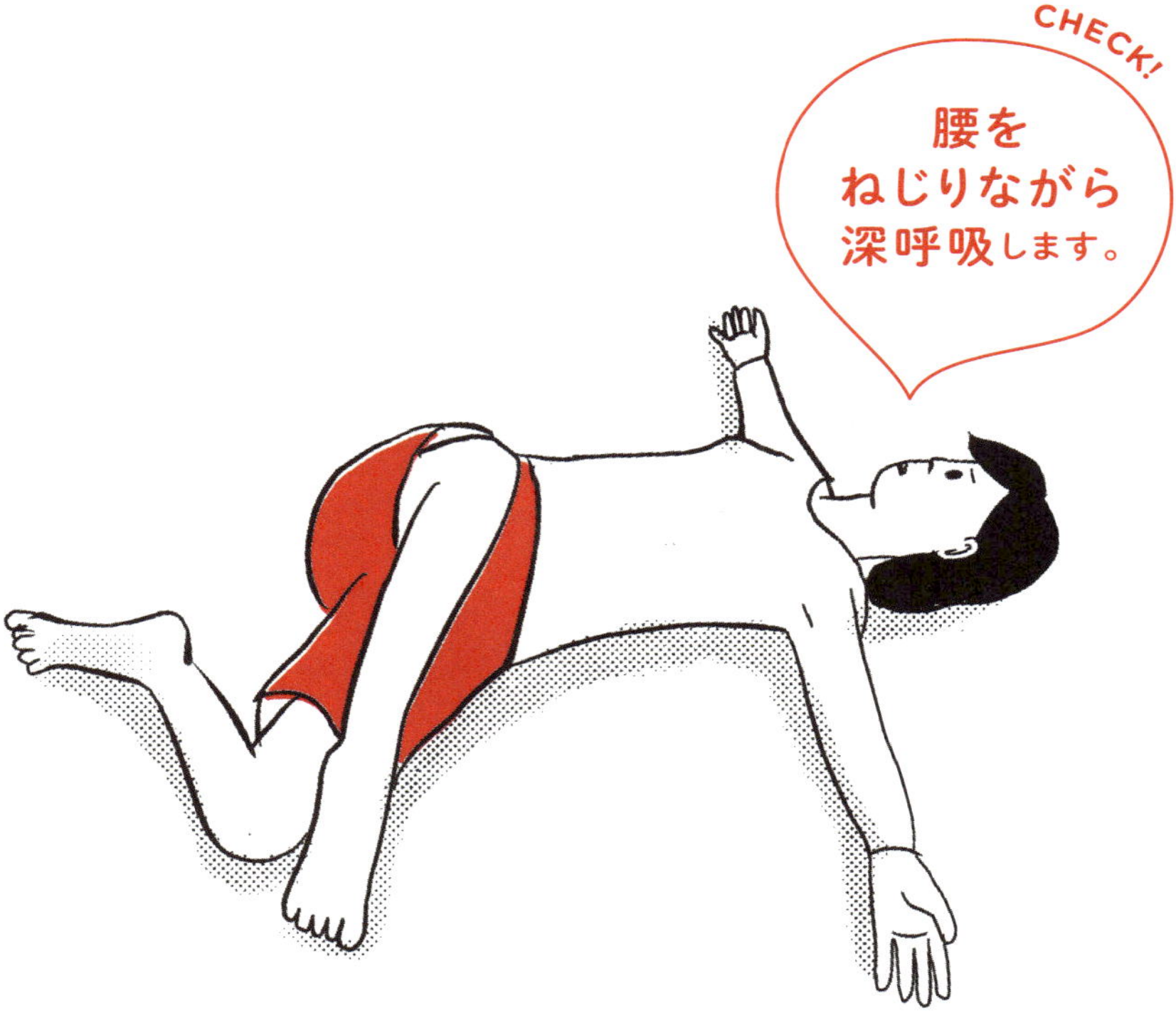
CHECK!
腰を
ねじりながら
深呼吸します。

下になっている足の側に
倒します。

STEP③

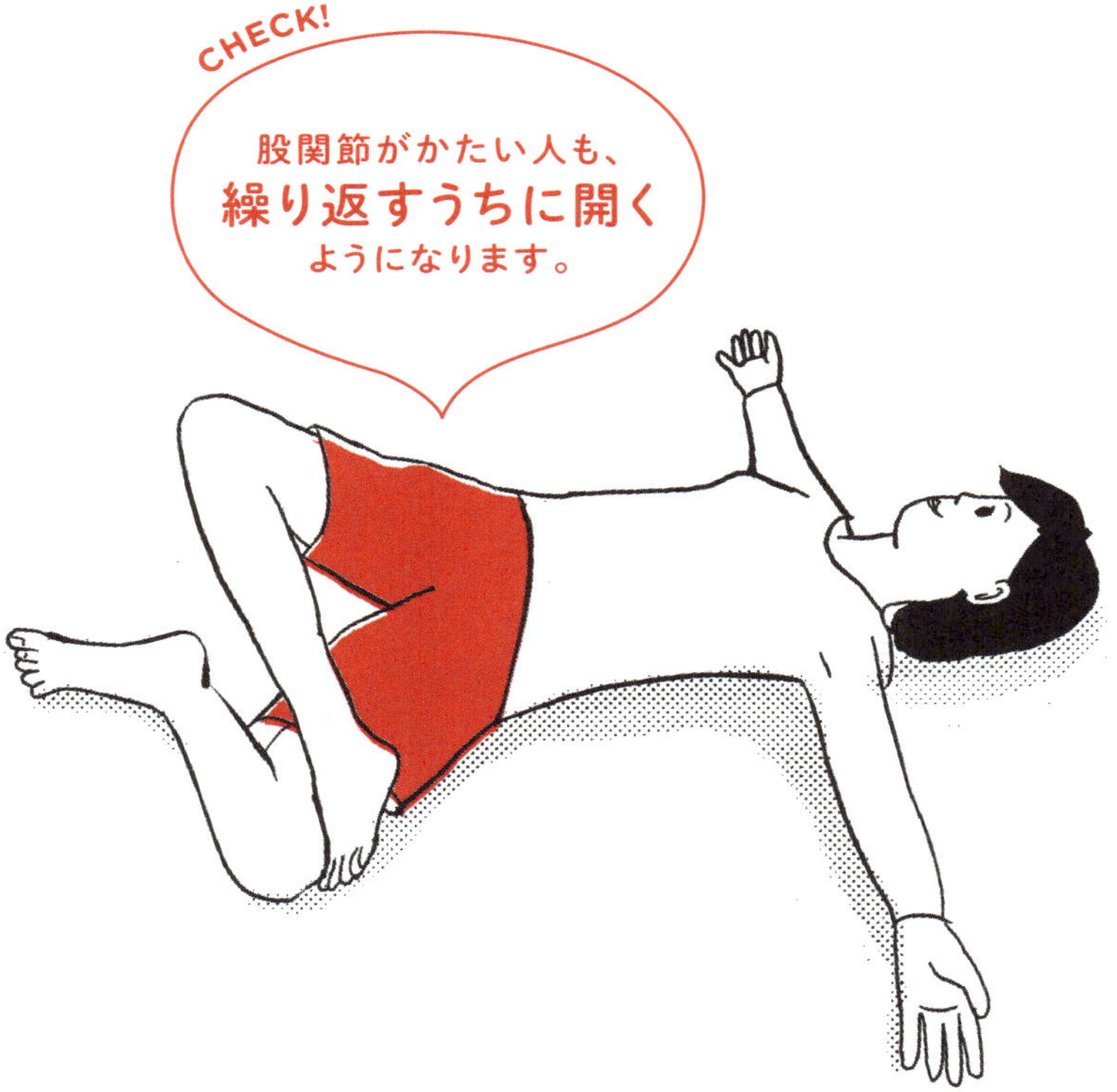
CHECK!
股関節がかたい人も、
繰り返すうちに開く
ようになります。

組んでいる足を開きます。反対側も同様にしましょう。（左右各4～8回）

邪気ばらい体操

17

腰ねじり体操

ダブルオープン体操とは
逆の動きで、
腰から背中までねじりながら
気持ちよく伸ばします。
老化防止、病気や邪気を
寄せつけない体になります。

特に 腰から太もも がスッキリ!

STEP ①

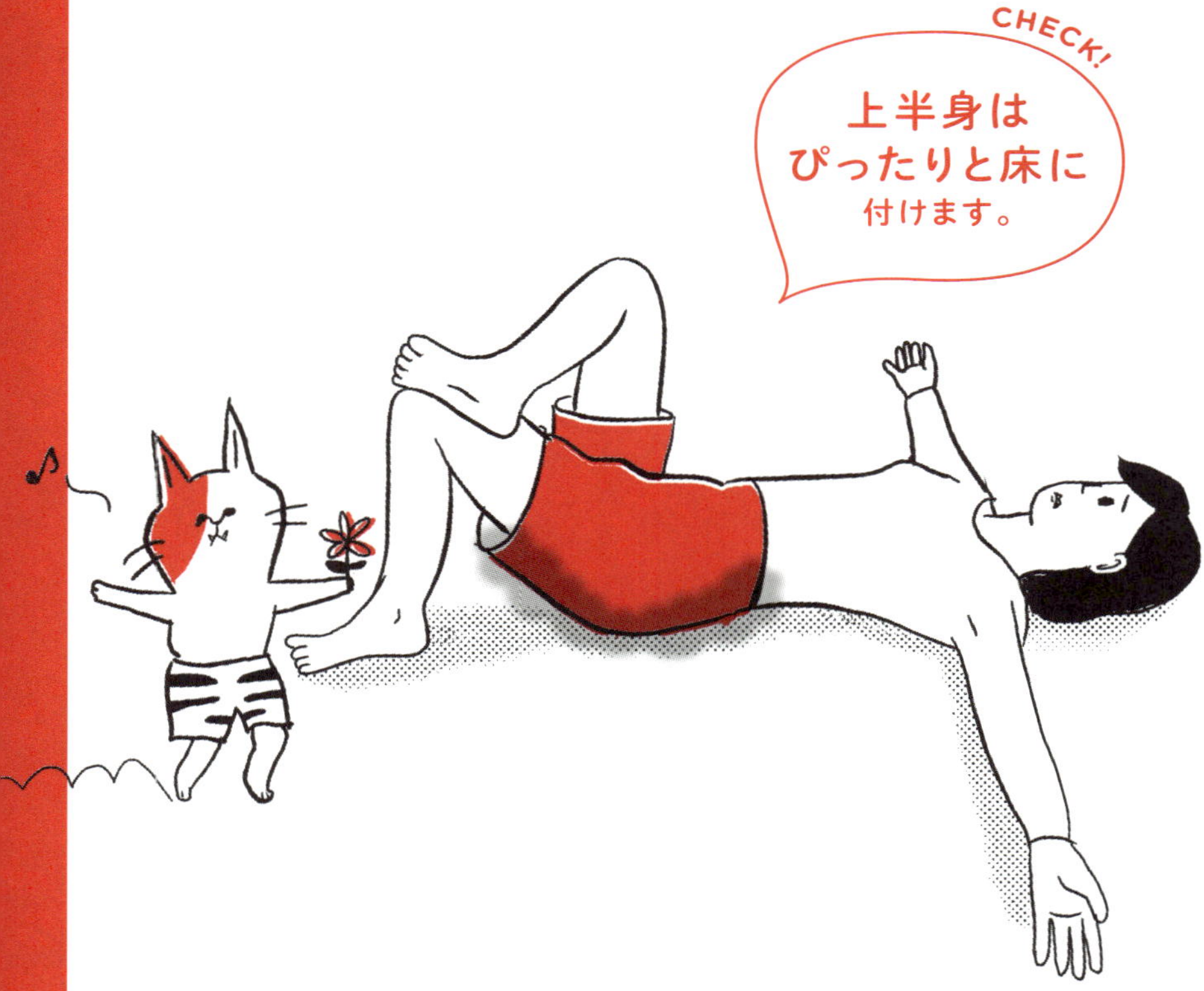
CHECK!
上半身は
ぴったりと床に
付けます。

仰向けに寝て、足を
反対の足のヒザに乗せます。

STEP②

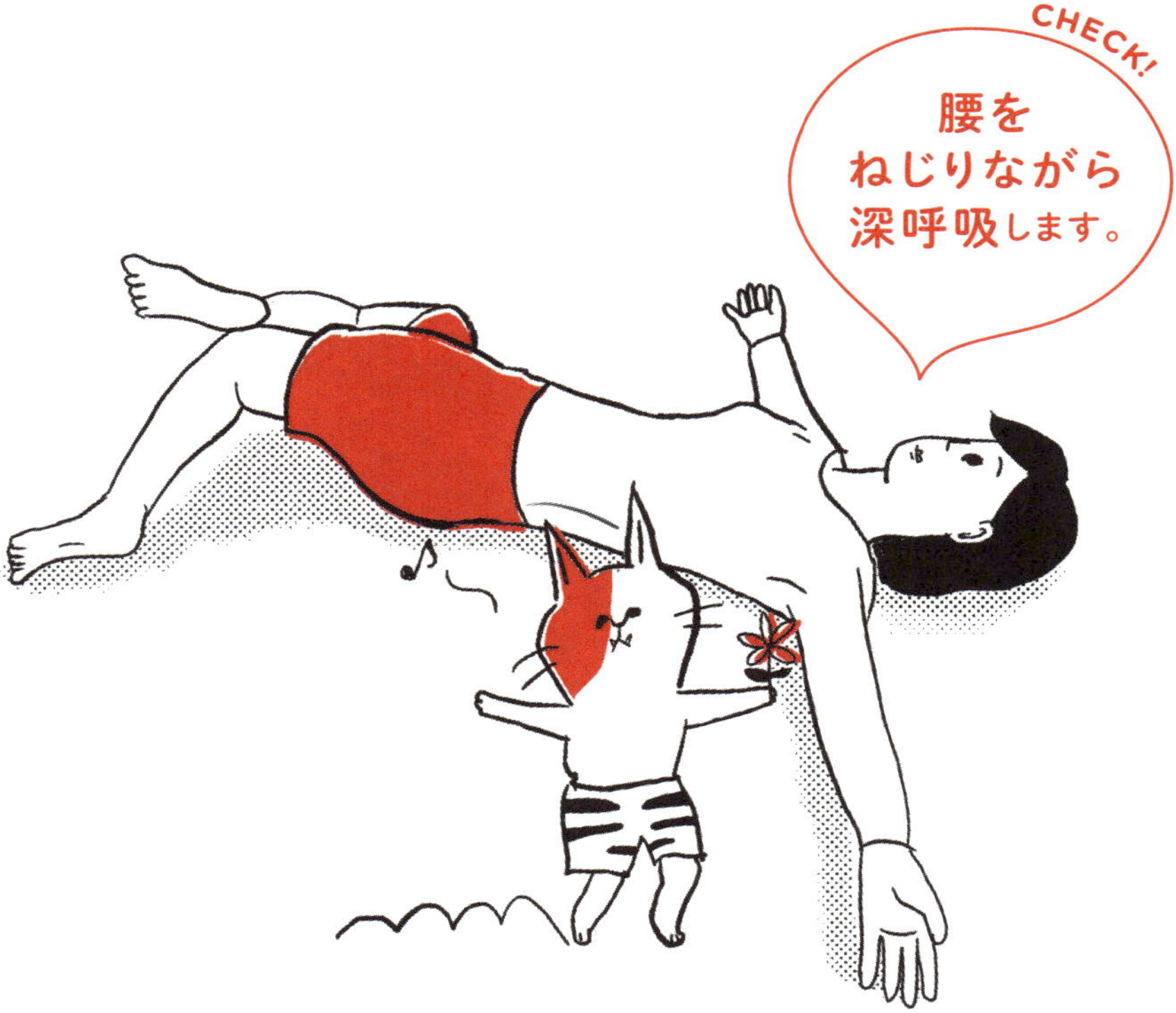
CHECK!
腰を
ねじりながら
深呼吸します。

上になっている足の側に
倒します。

STEP ③

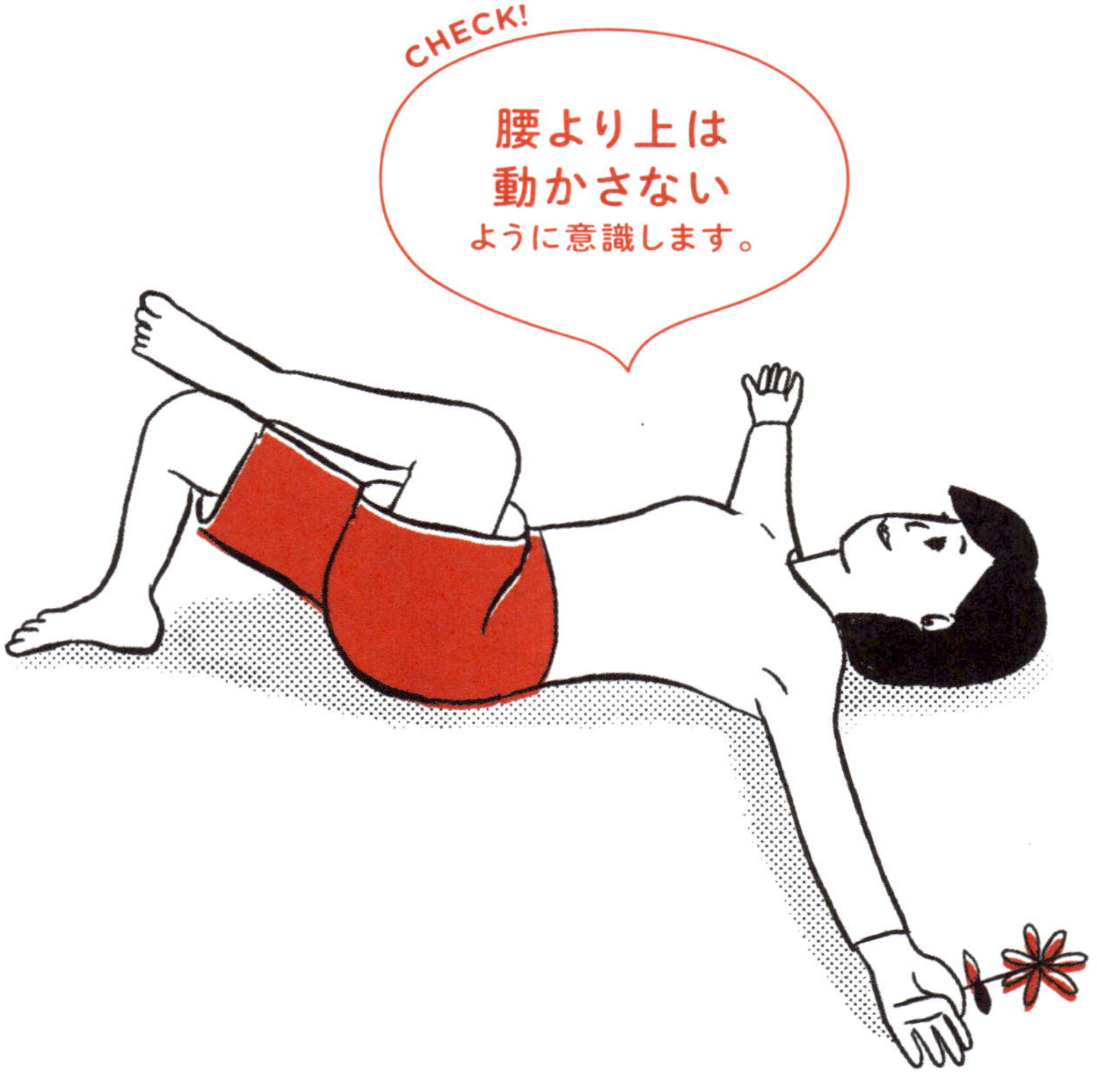
CHECK!
腰より上は
動かさない
ように意識します。

反対側も同じように行います。
(左右各4回～8回)

邪気ばらい体操

18

ゴムゴム体操

弾力のある輪ゴムのように
縮んで伸びる体操で
体中の邪気をスッキリ排出。
イライラ・不安を解消し
ポジティブな
気持ちになれます。

特に **首、肩、腰** がスッキリ！

STEP①

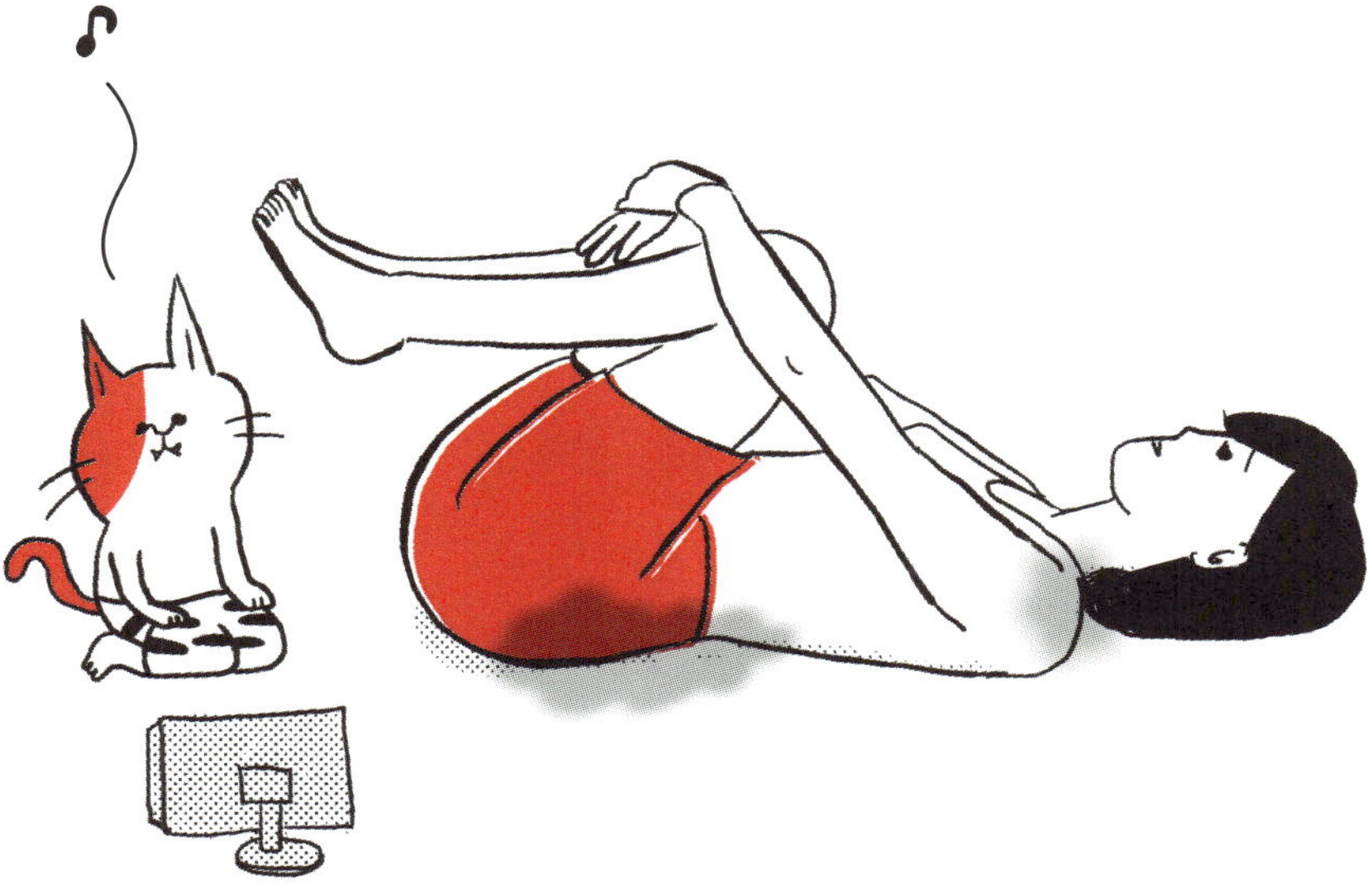

仰向けの状態で、両手でヒザを抱え、
10秒間そのままでいます。

STEP②

大きく息を吸いながら背伸びして、
10秒間そのままでいます。

★★★★★

LEVEL UP!

②の後に付け加えると
よりGOOD！

腰は床から
離れない
ようにします。
CHECK!

大きく息を吐きながらヒジとヒザをできるだけ近づけて、10秒間そのままでいます。

邪気ばらい体操

19

ガス抜き体操

足を高く持ち上げる動きで
体中の邪気を強制排出します。
下半身のコリをほぐし、
体中の巡りを良くします。

特に **お腹、ヒザから下** がスッキリ!

STEP①

仰向けで寝て、両ヒザを立て、
手は腰に当てましょう。

STEP②

両手で腰を支え、
足を真上に向けます。

STEP③

CHECK!
自転車の空気入れのようなイメージで。
CHECK!
足を曲げるときに「シュッシュッ」と息を強く吐きます。
ちょっとたのしい

両足を折り曲げて上下させます。
（10回～20回）

邪気ばらい体操 20

魚の骨はがし体操

魚の骨をべりっとはがすような
動きを取り入れた体操で、
内臓の動きをよくします。
体調の安定とともに、
心を落ちつかせる効果も。

特に **背中** がスッキリ!

STEP①

四つん這いになり、
足は肩幅ぐらい開きます。

STEP ②

息を吐きながら背中を丸め、
10秒間そのままでいます。

STEP③

CHECK!

丸める時、
反る時に、
魚の骨をはがす時のように
背骨がべりべりっと
はがれるようなイメージで
大きく動作をします。

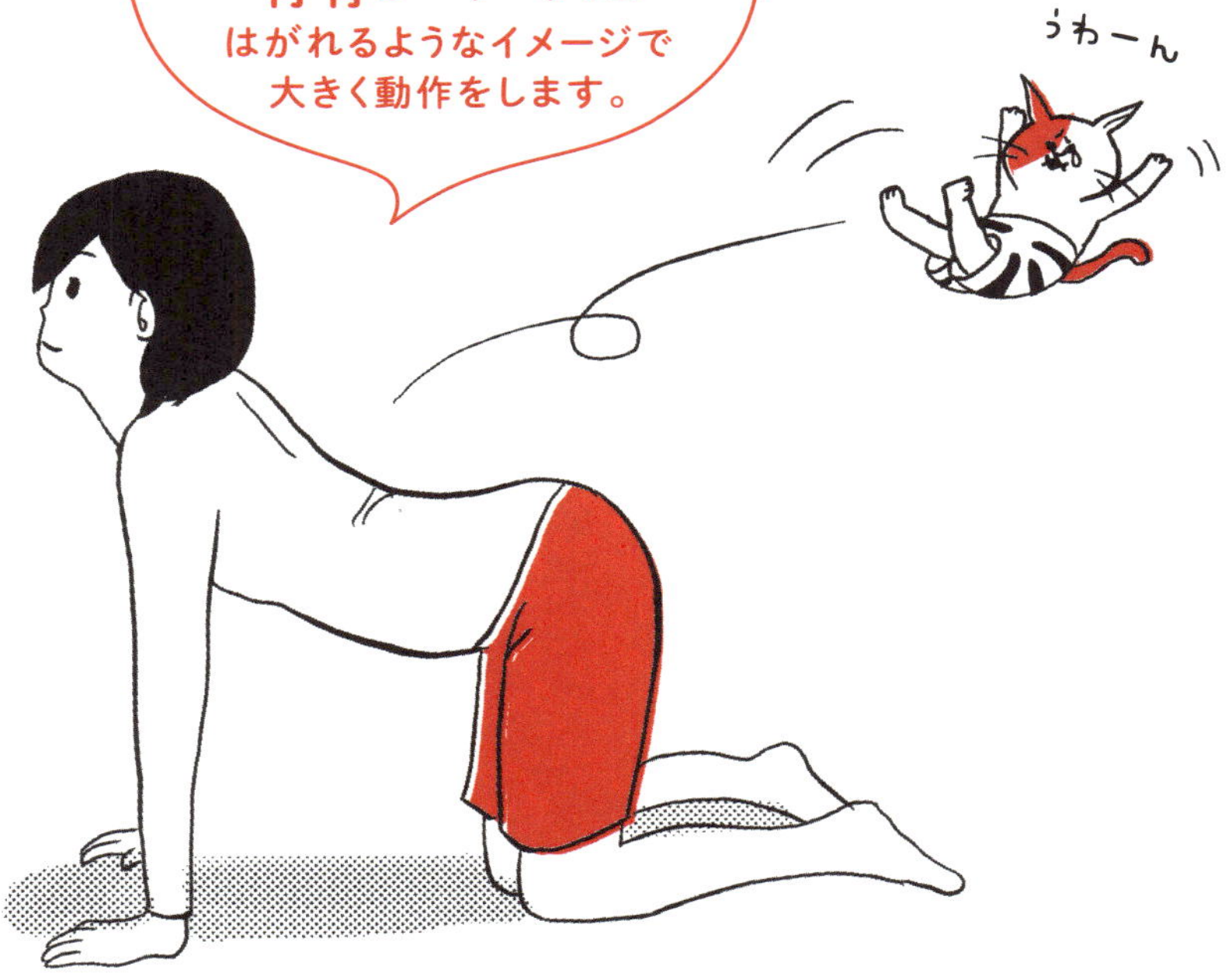

息を吸いながら顔を上に向け、背中を反って
肩甲骨を寄せ、10秒間そのままでいます。

あとがき

邪気ばらい体操を楽しく行っていただき、ありがとうございます。

すでにお気づきかもしれませんが、本来なら、初めから邪気を受けない環境にいることが一番です。

しかし、生きていれば日々たくさんの人たちや出来事に接するもの。どんなに気をつけていたとしても、誰かの愚痴やなにかしらの不安に関わらざるを得ないこともあるでしょう。時には、あなたが誰かに愚痴やイライラの邪気を振りまいてしまうこともあるかもしれません。「邪気」とはそれほど身近にあるもので、私たちは無意識のうちに数多の邪気にさらされているのです。

病気でも「治療」はもちろん必要ですが、発病する前の段階での「予防」ができればそれに越したことはありませんよね。心も同じで、邪気の負のパワーを溜めこみ不調が出る前に、予防することが大切になります。

その予防法としても効果的なのが、前著『自分でできる邪気ばらい』で書いた方法の数々であり、この邪気ばらい体操なのです。邪気を受けて疲れている時だけでなく、ぜひ普段からこの邪気ばらい体操を習慣にしてみてください。健康な時に行う邪気ばらい体操は、さらに効果的です。日に日に邪気から身を守るバリア力がアップし、幸運だけを引き寄せる体質になっていくでしょう。

この邪気ばらい体操で、落ち込んだココロと疲れたカラダをリセットして、あなたがいつも笑顔でいられるようになることを願っております。

青龍

著者　青龍（せいりゅう）

風水師・占術研究家。36代にわたり君臨した古代新羅王族の末裔。占術や霊能に深く縁のある家系に生まれ、幼い頃から視えない世界との交流があったため、自然とあらゆる占術を学び、身につける。除霊・浄霊に関わりながら、風水と目に見えない気との関係性を独自に研究。占術は人相、手相をはじめ、四柱推命、奇門遁甲、紫微斗数などを駆使する。また、一之宮参りの旅をはじめ、日本全国の神社を巡り「龍神さま」を味方につける活動を積極的に行っている。著書に『邪気を祓い幸運を引き寄せる お祓いドリル』（アルマット刊）、『自分でできる 邪気ばらい』『自分でできる縁むすび』（共に小社刊）がある。

青龍HP「心に灯をともす」 http://seiryu168.com/

ブックデザイン　千葉慈子（あんバターオフィス）
イラスト　イキウサ
編集担当　佐藤葉子（WAVE出版）

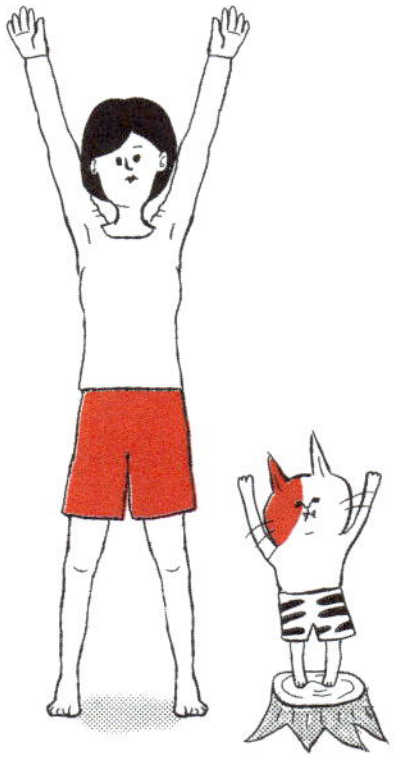

どこでもできる邪気ばらい体操

2018年5月28日　第1版第1刷発行

著者　青龍
発行者　玉越直人
発行所　WAVE出版
〒102-0074 東京都千代田区九段南3-9-12
TEL 03-3261-3713
FAX 03-3261-3823
振替 00100-7-366376
E-mail: info@wave-publishers.co.jp
http://www.wave-publishers.co.jp

印刷・製本　シナノ パブリッシング プレス

NDC781 110p 21cm
ISBN978-4-86621-145-9